科学之光
LIGHT OF SCIENCE

世界因他们而改变

居里夫人自传

[法]玛丽·居里◎著
陈明晖◎译
王茜◎审

中国科学技术出版社
·北京·

图书在版编目（CIP）数据

居里夫人自传/（法）玛丽·居里著；陈明晖译．－－北京：中国科学技术出版社，2024.1

（世界因他们而改变）

书名原文：Autobiographical Notes Marie Curie

ISBN 978-7-5236-0323-9

Ⅰ.①居… Ⅱ.①玛… ②陈… Ⅲ.①居里夫人（Curie, Marie 1867-1934）- 自传 Ⅳ.① K835.656.13

中国国家版本馆 CIP 数据核字（2023）第 218889 号

总 策 划	秦德继
策划编辑	周少敏　郭秋霞　崔家岭
责任编辑	郭秋霞　崔家岭
装帧设计	中文天地
责任校对	焦　宁
责任印制	马宇晨

出　　版	中国科学技术出版社
发　　行	中国科学技术出版社有限公司发行部
地　　址	北京市海淀区中关村南大街16号
邮　　编	100081
发行电话	010-62173865
传　　真	010-62173081
网　　址	http://www.cspbooks.com.cn

开　　本	787mm×1092mm　1/32
字　　数	97千字
印　　张	7.375
版　　次	2024年1月第1版
印　　次	2024年1月第1次印刷
印　　刷	北京长宁印刷有限公司
书　　号	ISBN 978-7-5236-0323-9 / K·368
定　　价	58.00元

（凡购买本社图书，如有缺页、倒页、脱页者，本社发行部负责调换）

序　言

每隔一段时间，就会有一位伟大的男性或女性诞生，为人类做出卓越贡献，玛丽·居里就是其中的一员。镭的发现促进了科学的进步，减轻了人类的痛苦，丰富了世界。她在工作中表现出来的精神让很多男人发自内心地自叹不如。

1898年的一个春日早晨，美国正要和西班牙开战，而此时的居里夫人从巴黎郊区的一个简陋棚屋走出来，手里握着的正是那个世纪最大的秘密。

这个秘密还未公诸于世，这堪称世界历史上几个最伟大的时刻之一。

---

* 本书根据1923年美国Press of J. J. Little & Ives Company的英文版翻译，保留了原书的序言，调整两个传记的顺序。——编者注

那天早上的发现并非偶然,那是战胜了无数困难和质疑之后的胜利,是多年孜孜以求的成功。居里夫人和她的丈夫皮埃尔·居里破解了地球母亲的一大秘密。

有人问我为什么要发起居里夫人镭基金募捐行动,以及我是如何说服居里夫人写自传的。

居里夫人是极谦逊的人,在经过很长时间的劝说之后,她才同意在此书中加入了自传体笔记,但其中还有太多的事情没有提及,为了让读者更好地认识这位伟大而高尚的女性,我觉得我有责任做一些说明。

巴黎《晨报》的主编斯蒂芬·洛桑(Stéphane Lauzanne)多年来一直关注居里夫人的生活和工作,因此,1919年5月,当我想要接近居里夫人时,我首先想到了他。当我见到他时,他却告诉我:"居里夫人不愿见任何人,她每天除了工作还是工作。"

"她平生最讨厌的就是被置于聚光灯下,她不愿被公众关注。她的思想就像科学本身一样精确和理性。她不能理解为什么科学家要成为媒体关注和讨论的焦点，而不是科学。对她而言只有两件事是重要的，那就是她的小家庭和她的工作。"

"皮埃尔·居里去世后，尽管居里夫人是一名女性，巴黎大学的教职员工和官员还是决定抛弃惯例，任命她担任巴黎大学的正式教授。居里夫人接受了任命，她的就职日期也已确定。"

"时间是1906年10月5日的下午，一个具有历史意义的时刻。就职仪式上，皮埃尔·居里教授生前教过的学生们集中坐在一起。"

"出席的还有很多名人、政要、学者，以及所有的教职员工。突然，从一个小侧门走进一位女子，全身着黑衣，衬托出苍白的双手，高耸的前额最有辨识度。当时感觉站在我们面前的不仅仅是一个女人，而是一个智慧的头脑：有着鲜活的思想。她的出现赢得了五分钟的热烈掌声。掌声平息后，居里夫人身体前倾，嘴唇微微颤抖。我们都迫切想知道她要说什么。这很重要，不管她说什么，都会成为历史。"

"最前面坐着一位速记员，准备把她的话记录下来。她会提到她丈夫吗？她会感谢部长和公众吗？都没有，她的开头很简单：'当我们考虑到自19世纪初以来放射性研究所取得的进展时……'对这位伟大的女性而言最重要的永远都是工作。时间不应该浪费在讲空话上。于是，她摒弃了一切表面的繁文缛节，极力克制和掩饰住内心的强烈情感，除了那极度苍白的脸庞和颤抖的嘴唇，她以清晰、沉稳的语调继续演讲。"

这正是这个伟大灵魂的一贯作风，她会勇敢地、义无反顾地继续他们的研究工作。

不过，最终还是为我安排了一次会面。在离家前几个星期我刚去过爱迪生先生的实验室。爱迪生先生很富有，他理当富有。实验室各种设备也是应有尽有。他在金融界和科学界都同样有影响力。我小时候住在亚历山大·格雷厄姆·贝尔（Alexander Graham Bell）家附近，曾欣赏过他的豪宅和骏马。不久前，我来到了匹兹堡，那里还高耸着世界上最大的镭还原装置的高大烟囱。

我记得在镭表和镭枪瞄准器上已经花了数百万

美元，甚至当时有价值几百万美元的镭储存在美国各地。我当时想，我将要会见的是闻名于世的女性：她靠自己的努力，生活富足，居住在法国香榭丽舍大街或巴黎其他美丽的林荫大道上。

而我见到的却是质朴的女人，实验室设备简陋，住的是廉价的公寓，拿着法国教授微薄的薪水。

当我走进皮埃尔·居里街一号的新大楼时，我在想，镭发现者的实验室是什么样子。这座大楼在巴黎大学的旧墙映衬下显得格外显眼。

我在一间空荡荡的小办公室里等了几分钟，这间办公室本来可以找密歇根州的装饰公司装修一下的。然后，门开了，我看见一个面色苍白，身材瘦小，穿着黑色棉布连衣裙的略显羞怯的女子，脸上透露出我见过的最哀伤的表情。

她纤长的手有些粗糙。我注意到她有一个独特的、紧张的小习惯，不停地用手指尖在拇指上摩擦。后来我才知道，这是因为长期接触镭使她的手指麻木。在她那透着友善、稳重的美丽脸庞上有着学者超然的表情。

居里夫人开始谈论美国。多年来她一直想访问这个国家，但她无法与她的孩子分开。

她说："美国大约有50克镭。其中4克在巴尔的摩，6克在丹佛，7克在纽约。"她陆续说出每一个产地。

我问："那在法国呢？"

"我的实验室，"她简单地回答道，"只有1克。"
"你只有1克吗？"我问道。

"我？哦，我没有，"她纠正道，"这1克镭属于我的实验室所有。"

我建议对她的专利征收使用费，以为她已申请保护镭生产过程的权利。这些专利的收入本应使她成为一个非常富有的女人。

仿佛完全没有意识到自己放弃的是什么，她平静地说："根本没有专利。我们是为了科学而工作。镭不能使任何人富裕。镭是一种元素，它属于所有人。"

她为科学的进步和减轻人类的苦难做出了贡献，然而，在她人生的黄金时期，却缺少必要的工具，助力她进一步贡献她的才华。

当时1克镭的市场价格是10万美元。居里夫人的实验室,虽然算得上是一座新建筑,但却没有足够的设备。实验室里的镭仅用于提取医院治疗癌症用的放射物。

居里夫人对命运没有什么抱怨,唯有遗憾,因设备的缺乏影响了她和女儿伊蕾娜本该开展的重要的研究工作。

几周后我抵达纽约时,希望能找到十位妇女,每人出资1万美元共同认购1克镭,这样居里夫人就能继续她的工作,而不需要大规模的宣传活动。

最终并不是十个人去买那克镭,而是有10万妇女和一群男士决定必须筹集到这笔钱。

第一份直接和实质性的支持来自威廉·布朗·梅隆尼(William Brown Meloney)夫人,她是美国诗人和剧作家的遗孀。第二份支持来自赫伯特·胡佛(Herbert Hoover)。

我们发现有必要发起一场全国性的运动时。罗伯特·G. 米德夫人(Robert G. Mead)担任秘书,她是医生的女儿，也是一名癌症预防工作的后备人员；尼古拉斯·F. 布雷迪（Nicholas F. Brady）担任执行委员会成员。在这些女性的背后，站着一群男性科学家，他们知道镭对人类意味着什么，其中包括第一位使用镭的美国外科医生罗伯特·阿贝（Robert Abbe）博士和克罗克纪念癌症研究实验室主任弗朗西斯·卡特·伍德（Francis Carter Wood）博士。

在不到一年的时间里，资金筹集到位。

科学家们组建了一个委员会负责购买镭，由伍德博士担任主席。他们号召全美镭元素的生产商投标，在公开会议上，出价最低的投标人拿到了订单。科学家委员会成员由29名博士组成，分别是：罗伯特·阿贝、拉塞尔·H. 奇滕登（Russell H. Chittenden）、休·卡明（Hugh Cumming）、德拉万（D. B. Delavan）、威廉·杜安（William Duane）、詹姆斯·尤因（James Ewing）、利文斯顿·法兰德（Livingston Farrand）、约翰·芬尼（John Finney）、盖洛德（H. R. Gaylord）、霍兰德（W. J. Holland）、弗农·凯洛格（Vernon Kellogg）、霍华德·凯利（Howard Kelly）、乔治·F. 昆兹（George F. Kunz）、李·刘易斯（Lee Lewis）、西奥多·莱曼（Theodore Lyman）、威尔·J. 梅奥（Will J. Mayo）、约翰·C. 梅里安（John C. Merriam）、乔治·B. 皮格勒姆（George B. Pegram）、查尔斯·鲍尔斯（Charles Powers）、里德（C. A. L. Reed）、西奥多·理查兹（Theodore Richards）、埃德加·F. 史密斯（Edgar F. Smith）、斯特拉顿（S. W. Stratton）、霍华德·泰勒（Howard Taylor）、威廉·泰勒（William Taylor）、查尔斯·D. 沃尔科特（Charles D. Walcott）、路易斯·B. 威尔逊（Louis B. Wilson）、威廉·H. 韦尔奇（William H. Welch）、弗朗西斯·卡特·伍德。

斯蒂芬·洛桑描述了居里夫人生活中第二个令人印象深刻的时刻。在我和她谈话将近 1 年后，也就是巴黎大学的就职仪式已经过去 15 年了。这些年她都是在实验室里度过的，没有过公开露面。1921 年 3 月，洛桑尼先生又听到了她的声音。

当他拿起电话听筒时听到这些话："居里夫人想

和你谈谈。"

会是什么非同寻常的事件？这不会意味着什么悲剧吧？突然，从电线上传来了我以前只听到过一次的声音，但那次的声音一直留在我的记忆中。正是这同样的声音曾说过"当我们考虑到自19世纪初以来放射性研究所取得的进展时……"

"我想告诉你我要去美国，"她说，"我做这个决定很艰难，因为美国太远、太大了。如果没有人来找我，我可能永远也不会去美国。我实在太害怕了。但这种恐惧又夹杂着极大的快乐。我把我的一生都奉献给了放射学，我知道在科学领域我们欠美国许多。有人告诉我，你是支持我进行这次美国之旅的人之一，所以我想告诉你，我决定去，但是请不要让任何人知道。"

这个伟大的女人，法国最伟大的女人，说话时断断续续，声音微颤，几乎像个小女孩。她每天面对的是一种比闪电更危险的镭粒子，但当她必须要出现在公众面前时，竟然感到害怕。

我前面说过，她曾经多次放弃了来美国访问的机会，因为她无法忍受与孩子们长时间的分离。我想，她最终被说服去面对长途旅行及之后的公开露面，部分原因是想表达对她科学工作支持的感谢，但主要是因为这为她和女儿们提供了一个极好的机会。

居里夫人身上没有那种传说中的科学家所表现出的冷漠和粗心。第一次世界大战期间，当她开着自己的放射性物质运输车，在战区从一家医院到另一家医院时，她都是自己清洗、晾晒和熨烫衣服。有一次在美国旅行时，我们同住在一个房子里，除了我们一行五个人外，还有其他几位客人。我走进居里夫人的房间时，发现她正在洗内衣。

"没什么，"当我阻止她时，她说，"我知道该怎么洗，家里还有这么多客人，仆人们要做的事情已经够多了。"

在白宫举行招待会上，哈丁总统将把1克镭作为礼物赠送给居里夫人。招待会的前一天晚上，居里夫人看到了赠予文书，一个精美的卷轴，将赋予玛丽·居里对一克镭的所有权。这是来自美国妇女的礼物。

她仔细阅读了文书，想了一会儿，说："感谢你们的好意和慷慨，但我决不能这样收下。这1克镭代表了大量的金钱，但更重要的是，它代表了这个国家的所有妇女。但并不是为了我，而是为了科学。我身体不好，随时都可能死去。我的女儿还不到法定年龄，如果我死了，这意味着这克镭将成为我的遗产，分给我的女儿们。不应该是为了这个目的。这1克镭必须永远为科学研究所用。您能让您的律师起草一份文件，把这一点写清楚吗？"

我说这将在几天内完成。

"必须在今晚完成，"她说，"明天我将收到镭，明天我可能会死。风险太大了。"

于是，在那个炎热的5月的晚上，在历经一些困难后，我们终于找到了一位律师，他用居里夫人自己写的草稿准备了这份文件。她在去华盛顿前签了字。证人之一是卡尔文·柯立芝太太。该文件内容如下：

"按照1921年5月19日的协议，如果我死了，我把玛丽·居里镭基金妇女执行委员会赠予我的1克镭交给巴黎镭研究所，供居里实验室专用。"

这一行为与这位镭发现者的一贯作风是一致的，与一年前她对我的问题所做出的回答也是一致的：

"镭不能使任何人富裕。镭是一种元素。它属于所有人。"

居里夫人有一个梦想，至今仍未实现的梦想，那就是希望有一个自己安静的小家，有花园、树篱、花鸟。她在美国旅行时，火车经过一个小镇时，她常透过窗户向外看，当她看到一座有花园的简朴的小房子时，她会说："我一直想要一个这样的小家。"

但在皮埃尔和玛丽·居里的生活中，拥有一所房子的梦想是排在第二位的。他们总是住在简陋的房子里，因为这些本来可以用来买她梦想中的小房子的钱，总是花在了实验室上。有一天，她颇有感触地对我说，她这一生的遗憾之一是皮埃尔·居里直到去世也没能拥有一个永久性的实验室。

在居里夫人结婚时，她的一个亲戚给她一笔钱作为嫁妆。这笔钱不算多，但对巴黎的穷学生来说很重要。要理解她使用这笔钱的意义，有必要记住玛丽·斯克洛多夫斯卡（Marie Sklodowska）当时还很年轻，有着美丽的外表和迷人的魅力。她不是不懂得欣赏美，也不可能完全不知道自己的外表。她有着女孩们天生对漂亮衣服的热爱。她曾想买婚纱和其他个人物品，然后，以她特有的理性思维，在她的需求和未来之间做出权衡。

她结婚时穿了一件从波兰带来的简单礼服，作为嫁妆的那笔钱花在两辆自行车上，这样她和皮埃尔·居里就可以骑行去美丽的法国乡下了，就当作度蜜月了。

在美国旅行期间，居里夫人曾多次被请求撰写自己的传记，其传记的历史重要性以及会对准备为科学献身的学生所产生的影响。

最后她同意了。"不过这也算不上是一本什么书，"她说，"就是一个平淡无奇的简简单单的故事。我出生在华沙的一个教师家庭，之后嫁给皮埃尔·居里，有两个孩子。我主要在法国工作。"

一个简单的陈述，但是却意义非凡！我们大多数人都会被遗忘，甚至连第一次世界大战也会缩减成历史书上的寥寥数页，各国政府不停"改朝换代"，而玛丽·居里的工作将永远被铭记。

关于她和她丈夫在科学方面的贡献，自1898年那个春日早晨（居里夫人不确定是5月18日还是20日，当时，她在巴黎郊区的一个棚屋里彻夜未眠后，发现了给人类的伟大馈赠——镭）以来已有大量的书籍——名副其实的图书馆。

科学家们将继续添加关于这一神奇元素的文献书目。但是，关于玛丽·居里本人，关于这位伟大女性，除了本书中的简短传记，世人不太可能再读到更多的东西。

居里夫人一直坚信的理念是："在科学领域，我们关注的应该是事，而不是人。"

W. B. 梅隆尼夫人

目 录

序 言

第一部分　玛丽·居里自传

第1章 我的原生家庭 / 003

第2章 婚后生活 / 023

第3章 战争中的我 / 051

第4章 美国之行 / 072

第二部分　皮埃尔·居里传

自 序 / 087

第5章 居里家族 / 089

第6章 青春梦想 / 099

第7章	担任实验室主任 / 110
第8章	婚姻与家庭生活 / 132
第9章	镭的发现 / 152
第10章	国家的首次资助来得有点晚 / 165
第11章	实验室成为"圣地" / 196
译后记	/ 211

第一部分
玛丽·居里自传

第 1 章
我的原生家庭

我的美国朋友邀请我写一写我自己的故事。起初,我感觉这件事不太可能,但最终还是被他们说服了。然而,我的传记并不是个人感情的完整表达,也不是把我所记得的所有事件详细描述出来。我们的许多感情随着岁月的流逝而改变,不断变淡,直至可能看起来完全陌生;当生活中发生的事件失去了当时的那种即时效应,再回忆起来,就像是发生在别人身上一样。但在人的一生中,受到某些主导思想和强烈情感的影响,总会有一个大致的方向,有一条连续不断的线,而这些则构成了这个人的一生底色,反映出其个性特征。就我自己总体不算容易的一生来说，我大体描述了自己的人生轨迹及其基本特点，我相信我的故事能让人们了解我在生活和工作中的思想状态。

我的家庭是波兰血统，我的名字是玛丽·斯科洛多夫斯卡。我的父亲和母亲都是来自波兰的小地主。在我们国家，这个阶层由大量的家庭组成，他们是中小型房产的拥有者，彼此之间联系密切。一直到现在，波兰的知识分子群体都来自这一阶层。

我的爷爷除了平时做农场的工作之外，还领导着一个省级学院。我父亲则更加热衷于学习，他学习了彼得格勒大学的课程，后来在华沙的一个大学里当物理和数学教授。他娶了一个与他志同道合的年轻女子，尽管她很年轻，但在当时，也算是接受了非常高的教育，并且是华沙一所最好的女子学校的校长。

我的父母亲对他们的职业可谓非常敬业，即使他们已经不在了，在整个国家和他们的学生心中仍然留下了永恒的记忆。即使是今天，我进入波兰时总是会遇到一些对我的父母怀有美好回忆的人。

尽管我的父母选择了大学职业，但他们仍然与在乡下的大家庭保持着密切联系。我经常在他们的亲戚那里度假，过着自由自在的生活，寻找机会去了解那些深深吸引我的田野生活。我相信，正是这些不同于一般度假方式的经历，激发了我对乡村和大自然的热爱之情。

1867年11月7日，我出生在华沙，是五个孩子中最小的一个，但是我的大姐在14岁的时候去世了，只剩下我们三姐妹和一个哥哥。我母亲因失去女儿而深受打击，又因重病而日渐憔悴，42岁时去世，留给她丈夫和孩子们最深的悲痛。那时我只有9岁，我最年长的哥哥还不到13岁。

这场灾难是我遭受的人生中第一个巨大的悲伤，使我陷入深深的沮丧之中。我母亲性格与众不同。尽管她很聪明，但是她有一颗宽广的心和很强的责任感。而且，尽管她有着无拘无束和善良的天性，她在家庭中仍然拥有非凡的道德权威。她非常虔诚（我的父母都是天主教徒），但她从不偏执；宗教信仰的差异并没有对她造成困扰；她对任何不认同她观点的人都同样仁慈。她对我的影响非同寻常，因为在我身上，小女孩对母亲自然的爱与热烈的钦佩结合在一起。

我父亲深受母亲去世的影响，全身心地投入到工作和对我们的教育中。他的职业责任重大，几乎没有闲暇时间。多年来，我们一直为失去曾经是这个家庭灵魂的人而感到沉重。

我们都是从很小就开始学习。我当时只有6岁，因为我是班上年龄最小也是个子最小的孩子，当有客人来访时，我经常被带到前面朗诵。因为我的胆小腼腆，这对我来说是一个巨大的考验，我总是想逃跑、躲藏起来。我的父亲是一位优秀的教育家，他对我们的学习很感兴趣，也知道如何指导我们的学习，但是我们的教育环境不太好。我们在私立学校开始学习，后来在公立学校完成学业。

华沙当时处于沙俄的统治之下，这种统治最糟糕的方面之一就是对学校和儿童的压迫。波兰人管理的私立学校受到警方的密切监视，甚至对那些几乎还不会说波兰语的小孩子教授俄语。尽管如此，由于教师几乎都是波兰国籍,他们尽一切可能减轻民族迫害造成的困难。然而,这些学校不能合法地颁发文凭,因为文凭只能由公立学校颁发。

公立学校里全是俄国人,直接反对波兰民族精神的崛起。所有的教学都是俄语授课,由俄国教师授课,他们敌视波兰民族,视学生为敌人。有较高道德情操和学术水平的人几乎不会愿意在强加给他们一种外来态度的学校里教书。因此,学生们所能学到的东西值得怀疑,道德氛围完全无法忍受。孩子们经常受到怀疑和监视,他们知道用波兰语交谈或者不小心说了什么话,不仅会严重伤害自己,还会伤害他们的家人。在这些敌对情绪中,他们失去了生活的所有乐趣,不应属于这个年龄的不信任和愤怒情绪笼罩着他们的童年。另外,这种不正常的情况使波兰青年的爱国情绪达到了顶点。

然而,在我早年的这段时期,尽管因为哀悼和压迫的痛苦而变得黑暗,我仍然保留着不少愉快的回忆。在我们平静而忙碌的生活中,亲朋好友的团聚给我们带来了一些快乐。我的父亲对文学很感兴趣，对波兰和外国诗歌也非常熟悉；他甚至自己创作诗歌，并且能够非常成功地把诗歌从外语翻译成波兰语。他围绕家庭创作的小诗是我们的乐事。星期六晚上，他常常为我们背诵或朗读波兰散文和诗歌。对我们来说，这些夜晚是一种极大的快乐也是重新燃起爱国情怀的源泉。

从小我就对诗歌非常迷恋，我愿意用心去学习伟大诗人的长篇诗词，我喜欢的诗人是米基维茨（Mickiewecz）、卡拉辛斯基（Krasinski）和斯洛瓦奇（Slowacki）。当我熟悉了外国文学后，这种迷恋得到进一步增强；我早期的学习包括法语、德语和俄语的知识，很快我就熟悉了用这些语言创作的优秀作品。后来，我觉得有必要学习英语，然后成功掌握了英语及其文学。

我对音乐的学习很少。我母亲是个音乐家，嗓音优美。她想让我们接受音乐训练。她去世后，没有了她的鼓励，我很快就放弃了努力，后来我常常为此后悔。

我学习数学和物理相对容易，只要学校会教授这些学科。而父亲也很乐于辅导我,他本身热爱科学,而且也教授科学。他喜欢向我们讲解大自然及其规律。不幸的是,他没有实验室,也无法做实验。

度假的日子特别舒服,我们逃离了城里警察的严密监视,到乡下的亲戚朋友那里享受快乐。在那里,我们找回老式家庭庄园的自由生活;在树林里赛跑,在绵延平整的农田里愉快地劳作。其他时候,我们越过波兰的边界,向南进入加利西亚山区,那里由奥地利人统治,奥地利的政治控制没有我们所遭受的压迫那么强烈。在那里,我们可以自由地讲波兰语、唱爱国歌而不用坐牢。

群山给我的第一印象非常震撼,因为我是在平原长大的。因此,我非常享受我们在喀尔巴阡山脉村庄的生活,欣赏派克斯的风景,游览山谷和高山湖泊,这些地方有着如画的名字,比如"海之眼"。然而,我从未失去对开阔的地平线和平原山野的优美景色的依恋。

后来,我有机会和父亲一起去远在波多利亚的南方度假,第一次在敖德萨看到了大海,之后又去了波罗的海的海岸。这是一次激动人心的经历。但我是在法国才认识了大海的巨浪和不断变化的潮汐。在我的一生中，见到新奇的大自然景色总是使我像个孩子一样快乐。

我们的学校生活就这样度过了。我们都具有学术方面的天赋。我的哥哥，斯克洛多夫斯基（Sklodowsk）医生，完成了他的医学学习，后来成为华沙一家主要医院的主任医师。我和姐姐们本打算像我们的父母那样从事教学工作。然而，大姐长大后改变了主意，决定学医。她获得了巴黎大学的博士学位，嫁给了波兰医生杜鲁斯基（Dluski），他们一起在奥地利波兰美丽的喀尔巴阡山区建立了一座大型疗养院。我在华沙结婚的二姐绍洛伊（Szalay）太太在学校当了多年老师，在那里她做了很多贡献。后来，她被任命为自由波兰的一个学院的校长。

我高中毕业的时候才15岁，在班上总是名列前茅。成长发育问题和学习的疲劳迫使我在乡下休息了将近一年。然后我回到在华沙的父亲身边，希望能在免费学校教书。但家庭环境迫使我改变了决定。

我的父亲，当时年老体衰，需要休息，经济能力也很有限。所以我决定接受一个为几个孩子当家庭教师的职位。因此，在我还不到 17 岁的时候，我离开了父亲的家，开始了独立生活。

那种离开家的感觉依然是我年轻时最深刻的记忆之一。当我爬进火车车厢时，我的心情很沉重。它要载着我行驶几个小时，远离我爱的家人。火车旅行结束后，我还要坐 5 个小时的汽车。当我坐在车窗边望向广阔的平原，我问自己：等待我的将是什么？

我去的那个家庭的父亲是一位农学家。他的大女儿和我差不多大，虽然跟着我学习，但她更像是我的同伴，而不是我的学生。另外还有两个年幼的孩子，一个男孩和一个女孩。我和学生们的关系很好，每天课后我们一起散步。因为热爱乡村，我并不感到孤独，虽然这个乡村并不是特别漂亮，但我对它四季都很满意。我对庄园的农业发展最感兴趣，那里用到的方法被认为是该地区的典范。我了解农业技术的进展，知道田里作物的分布；我热切地关注植物的生长，熟悉农场马厩里的马。

冬天，白雪覆盖的广袤平原很有魅力，我们乘雪橇长途跋涉。有时我们几乎看不见路。我会对司机叫"小心沟渠！"他会对我说："你要直接冲进去，不要害怕！"接着我们就翻到沟里！但是这些小插曲却增加了我们远足的乐趣。

我记得有一年的冬天，田野里的积雪很厚，我们建造了一座神奇的雪屋；我们可以坐在里面，眺望着玫瑰色的雪原。我们还经常在河的冰面上滑冰，焦急地观察天气，确保冰面不会塌下来，那样会扫了我们的兴。

由于我的家教工作并没有占用我的所有时间，我为村子里那些无法接受教育的孩子们组织了一个小班。我供职家庭的大女儿在这方面帮助了我。我们教小孩子和那些想来学习读书和

16岁的玛丽·斯克洛多夫斯卡

写字的女孩子们，我们还推出了波兰语书籍，这些书也受到了家长们的称赞。即使是这种单纯的工作也带来了危险，因为政府禁止这种行为，还可能会导致被监禁或被驱逐到西伯利亚。

我晚上一般都用来学习。我听说有几位女士在彼得格勒或外国成功地完成了某些课程，我决心以她们为榜样，并通过前期工作来做好准备。

我还没有决定要选择哪条路。我对文学和社会学的兴趣与科学一样多。然而，在这些年的独立工作中，我试图一点一点地找到自己真正的爱好，我最终转向数学和物理，并坚定地为未来的工作认真准备。我打算在巴黎做准备，希望能够存下足够的钱，以便能够在那个城市生活和工作一段时间。

我独自学习困难重重。我在学校接受的科学教育是非常不完整的，它完全在法国学院的学士学位课程水平之下；我试图以自己的方式，借助随机挑选的书籍来补充它。这种方法不能产生很大的效果，但也并非没有效果。我养成了独立工作的习惯，学到了一些以后会有用的东西。

当我的大姐决定去巴黎学医时，我不得不更改我对未来的计划。我们承诺互相帮助，但我们的财力不允许我们一起离开。所以我在这个职位上待了3年半，在完成了家教的工作后，我回到了华沙，那里有一个类似的职位正在等着我。

我只在这个新地方待了1年，然后就回到我父亲那里，他已经退休一段时间了，一个人居住。我们一起度过了美好的一年，他忙于一些文学作品，而我则通过给私人授课来增加收入。与此同时，我继续努力自学。在华沙的俄国统治下，这不是一件容易的事，但我发现机会要比在乡下时多。令我非常高兴的是，我有生以来第一次能够进入一个实验室：一个由我堂兄管理下的小型市政物理实验室。我在那里工作的时间并不多，一般是在晚上和周日，通常只有我一个人在。我尝试了物理和化学论文中描述的各种实验，结果有时出乎意料。有时候，我会因为一点儿意想不到的成功而受到鼓舞，有时我会因为缺乏经验导致的意外和失败而陷入最深的绝望。但是总的来说，虽然我深知前进的道路并不是一帆风顺的，但这些最初的尝试坚定了我对物理和化学领域实验研究的兴趣。

还有一种受教育的方式。我是华沙一个年轻人兴趣小组的成员，我们为了共同的学习愿望而聚集在一起，参与的活动同时具有社交性质和爱国情怀。作为类似的波兰青年团体之一，我们认为国家的希望在于大力发展国家的智力和道德力量，这种努力将改善整个国家境况。最眼前的目的是进行自学，然后为工人和农民提供教学。根据这个计划，我们商定开设夜校，每个人都教授自己最擅长的课程。毋庸置疑，这是一个秘密组织，这使得一切变得极其困难。我们团队中有一些非常敬业的年轻人，我至今仍然相信，他们可以成为真正对社会有用的人。

我清楚地记得当时志同道合的同伴和我当时所拥有的社交友谊。确实我们的行动能力不足，所取得的成果也并不可观；然而我仍然相信那时激励我们的思想是实现真正社会进步的唯一途径。如果不提高个人素质，你就不能指望建立一个更美好的世界。为此，我们每个人都必须为自己的进步而努力，同时对全人类负有共同的责任，我们的特殊责任是帮助那些我们最能帮到的人。

这一时期的所有经历使我更加渴望进一步学习。尽管资源有限，出于对我的爱，父亲还是帮助我加快了早期计划的实施。我的姐姐刚刚在巴黎结婚，他们决定让我去那里和她一起生活。我父亲和我希望，一旦我完成学业，我们将再次快乐地生活在一起。命运并不遂人意，因为我的婚姻把我留在了法国。我父亲年轻的时候曾希望从事科学工作，我工作的逐步成功使他在我们分离时得到安慰。我始终铭记他的善良和无私。他和我已婚哥哥一家住在一起，像一个出色的祖父那样帮着带大孙辈。我们在1902年失去了他，那时他刚过70岁。

因此，在1891年11月，我24岁的时候，我终于能够实现梦想，这个梦想已经在我的脑海中存在了好几年。

当我到达巴黎时，我受到了姐姐和姐夫的热情欢迎，但是我只和他们待在一起几个月，因为他们住在巴黎郊外的一个地方，我姐夫刚在那里开始行医，而我需要离学校更近一些。最后，我像国内许多其他学生一样，安顿在一个简陋的房间里，配备了一些家具。在四年的学生生活中，我一直保持着这种生活状态。

很难说这几年给我带来了什么好处。由于不受任何外界事务的干扰，我完全沉浸在学习和求知的喜悦中。然而，一直以来，我的生活条件和经济条件都不好，我的家人没有办法像他们希望的那样帮助我。然而，我的情况并非特例，我认识的许多波兰学生情况都差不多。我住的房间在一个阁楼里，冬天很冷，因为一个常常缺煤的小炉子不够我取暖。在特别严酷的冬天，晚上脸盆里的水结冰并不罕见；为了能够入睡，我不得不把所有的衣服都摞在被子上。在同一个房间里，我用酒精灯和几件厨具做饭。有时就简单吃块面包、一杯巧克力，吃点鸡蛋或水果。没有人帮忙做家务，我自己扛着煤上六层楼。

尽管从某些角度来看生活不乏痛苦，但对我来说却有一种真正的魅力。它给了我非常宝贵的自由和独立感。我在巴黎默默无闻，迷失在这座大城市里，但独自生活，自己照顾自己，孤立无援，却丝毫没有使我沮丧。如果有时我感到孤独，我的心态却通常是平静和极大的道德满足感。

我所有的心思都集中在学习上，尤其是刚开始的时候，学习是很困难的。事实上，我还没有做好在巴黎大学学习物理课程的充分准备，因为尽管我付出了所有的努力，我在波兰还是没有成功达到法国学生同样的水平。所以我不得不弥补这个不足，尤其是在数学方面。我的时间主要分配在上课、做实验和图书馆学习上。晚上，我在房间里学习，有时学习到很晚。我所看到和了解到的一切都使我感到高兴。它就像一个对我敞开的新世界——科学的世界，我终于可以自由地翱翔其中了。

我和同学们的关系至今仍记忆犹新。刚开始的时候，我内向而害羞，没过多久我就注意到，同学们专注于学习，同时也都很友好。我们关于学习的交谈加深了我们对所讨论问题的兴趣。

在波兰学生中，我在学习上没有任何同伴。尽管如此，我和他们这个群体的关系还是很亲密。我们时不时地聚集在彼此的简陋房间里，在那里我们可以讨论国家问题，感觉不那么孤立。我们也会一起散步，或者参加公众聚会，因为我们都对政治感兴趣。然而，到了第一年年底，我被迫放弃了这些社交，因为我发现我所有的精力都必须集中在我的学习上，以便尽快学成。我甚至不得不把大部分假期时间都花在数学上。

我坚持不懈的努力没有白费。我已经弥补了我受教育的不足，和其他学生一起通过了考试。我甚至在1893年以"物理学"成绩第一名毕业，在1894年以"数学"成绩第二名毕业。

我姐夫后来回忆起我刚才描述的艰苦条件下努力的那些年，戏称它们为"我妻妹人生中的峥嵘岁月"。就我自己而言，我一直认为那段孤独的专心致志学习的时光是我一生中美好的回忆，这种学习机会是我渴望已久的。

我第一次见到皮埃尔·居里是在1894年。当时弗里堡大学的一位教授，也是我的同胞，邀请我和一位年轻的巴黎物理学家一起去他家，他认识这个物理学家并且非常尊敬他。走进房间，我看见一个高大的年轻人站在朝向阳台开着的落地窗旁，他有着褐色的头发和清澈的大眼睛。我注意到他脸上严肃而温和的表情，以及他态度中的洒脱，像梦想者沉浸在自己的思考中。他对我表现出一种单纯的热诚，而且在我看来他很有同情心。在第一次见面后，他表示希望能再次见面，并继续我们那天晚上的谈话，谈论我和他都感兴趣的科学和社会问题，我们似乎在这些问题上有着类似的看法。

过了一段时间，他来到我的学生宿舍，我们成了好朋友。他向我描述了他那被工作占满的日子，以及他想要致力于科学的梦想。他不久就希望我也加入这种生活，但我不能马上做出决定；在做出决定之前，我犹豫了，这意味着要放弃我的国家和家庭。

我回波兰度假，不知道是否还回巴黎。但当时的情况容许我在那年秋天再次回到巴黎工作。我进入了巴黎大学的一个物理实验室，开始实验研究，为我的博士论文做准备。

我再次见到皮埃尔·居里。我们的工作使我们彼此靠近，直到确信我们都是对方最好的生活伴侣，于是，我们决定结婚，并在之后不久的1895年7月举行婚礼。

皮埃尔·居里刚刚获得博士学位，被任命为巴黎大学物理和化学学院的教授。他当时36岁，已经是一位在法国和国外闻名并受到赞赏的物理学家。由于他只专注于科学研究，很少关注自己的事业，他的经济条件也非常有限。他和他年迈的父母一起住在巴黎郊区的索镇，他深爱着他们，第一次和我谈起他们时，他形容他们是"高雅的"。事实上，他们的确如此：父亲是一位年长的医生，具有较高的学术水平和坚毅的性格，母亲则是贤妻良母，全心全意地相夫教

1895年的居里夫妇

子。皮埃尔的哥哥，当时是蒙彼利埃大学的教授，一直是他最好的朋友。所以我有幸进入了一个温暖的书香世家，在那里我受到了最热烈的欢迎。

我们结婚时举行了最简单的仪式。我结婚那天没有穿什么特别的礼服，只有几个朋友出席了婚礼，但是我高兴的是我的父亲和二姐从波兰赶来参加婚礼。

我们只想找一个安静的地方居住和工作，所以很幸运地找到一套有三个房间的小公寓，可以看到美丽的花园景色。有几件家具是父母送给我们的。我们从一位亲戚那里得到一份礼金，买了两辆自行车，可以骑着去乡下。

第 2 章

婚后生活

伴随着我的婚姻,我进入了一种全新的生活,完全不同于我前几年的独自生活。我丈夫和我因为情感深厚和工作上的志同道合而紧密地联系在一起,我们几乎一起度过所有的时间。我只收到过他的几封信件,因为我们分开的时候很少。我丈夫把他能从教学中抽出来的所有时间都花在了学校实验室的研究工作上,他在这所学校担任教授,而我被允许和他一起在该实验室工作。

我们住的公寓离学校很近,所以我们用在路上的时间很少。由于我们的经济条件有限,我不得不亲自做大部分的家务,特别是做饭。要兼顾家务和研究工作并不容易，但我努力做到了。最重要的是，我们待在小家里，不受打扰，这给我们带来了一种平静和私密感，我们很喜欢这种生活。

在实验室工作的同时，我还要参加一些学习课程，因为我已经决定参加资格考试，这样我就可以去女子学校教书。如果我成功了，我将获得教师资格。1896年8月，经过几个月的准备，我在考试中获得了第一名。

我们从实验室密集的工作中分散注意力的主要方式是在乡间散步或骑自行车。我丈夫非常喜欢户外活动，对森林和草地上的动植物非常感兴趣。他几乎对巴黎附近的每一个角落都了如指掌。我也喜欢乡下，这些远足对我和他来说都是极大的快乐，使我们的思想从科学工作的紧张中解脱出来。我们过去常常带一束鲜花回家。有时我们会忘记时间，深夜才回来。我们定期看望我丈夫的父母，在那里我们的房间总是准备好的。

在假期里，我们骑自行车进行更长时间的郊游。通过这种方式，我们走遍了奥弗涅和塞文斯的大部分地区，并参观了几个海滨地区。我们在这些漫长的全天旅行中非常快乐，晚上总是来到一个新的地方。如果我们在一个地方待得太久，我丈夫开始希望回到实验室。也是在度假的时候，我们拜访了我在喀尔巴阡山脉的家人。我丈夫为了这次波兰之行学了一些波兰语。

准备去郊游的居里夫妇，摄于 1895 年

但在我们的生活中，我们的科学工作是首要的。我丈夫非常认真地准备他的课程，我在这方面给了他一些帮助，同时这也有益于我的学习。然而，我们的大部分时间都花在了实验室研究上。

我丈夫当时没有私人实验室。一定程度上，他可以利用学校的实验室来完成自己的工作，但是通过利用物理学院教学楼某个闲置的角落，他有了更多选择。因此，我从他的例子中学到，一个人即使在非常简陋的条件下也可以快乐地工作。那时我丈夫正忙于研究晶体，而我则在研究钢的磁性。我的这项研究完成并发表于1897年。

同年，我们第一个女儿的出生给我们的生活带来了巨大的改变。几周后，我丈夫的母亲去世，他的父亲来和我们一起生活。我们住在巴黎周边一栋带花园的小房子里，一直住到我丈夫去世。

如何在不放弃科研工作的情况下照顾我们的小伊蕾娜和我们的家成了一个重要的话题。放弃我的科研工作对我来说将是非常痛苦的，对我丈夫来说甚至是不可想象的事。他过去常说，他拥有一个妻子，由上天专门派来和他一起分享他所追求的事业。我们都不会想要放弃彼此都如此珍视的东西。

当然，我们不得不雇一个保姆，但由我亲自照

居里一家，摄于 1904 年

料所有与孩子有关的事。当我在实验室的时候,就由爷爷照顾小伊蕾娜,爷爷对她很慈爱,爷爷因为照顾她而更加充实。因此,整个家庭的同舟共济使我能够做到兼顾工作和家庭。只有在一些特殊的情况下,才会感到异常困难,比如孩子生病了,通宵照顾孩子会扰乱正常的生活节奏。

不难理解,在我们的生活中几乎没有世俗社交。我们只会见少数几个朋友,是像我们一样的科学工作者,我们在家里或者花园里谈话,同时我还要为女儿做些针线活。我们也与我丈夫的哥哥及其家人保持着亲密关系。但是我和我所有的亲戚都分开了,因为我姐姐和她的丈夫离开巴黎去波兰生活了。

正是在这种完全符合我们意愿的安静的生活方式下,我们完成了我们一生中的重大研究工作,工作始于1897年年底,并持续了许多年。

我已经确定了博士学位的研究课题。我的注意力被亨利·贝克勒尔关于稀有金属铀盐的有趣实验所吸引。贝克勒尔曾表明,把一些铀盐放在一个覆盖有黑纸的照相底片上,底片会变色,仿佛有光线照射到底片上。这种效果是由铀盐发出的特殊射线产生的,这种射线不同于普通光线,因为它们可以穿过黑纸。贝克勒尔还表明,这些射线可以使验电器放电。起初,他以为铀射线是由于铀盐暴露在光线下而产生的,但实验表明,在黑暗中保存了几个月的铀盐会继续释放这种特殊的射线。

我和我丈夫对这种新现象非常兴奋,我决定对它进行专门研究。在我看来,首先要做的就是精确地研究这种现象。在这个问题上,我决定利用射线可以使验电器放电的特性。然而,我使用了一种更完善的仪器,而不是普通的验电器。我第一次测量时使用的仪器之一现在保存在费城的医学院里。

我很快就得到了有趣的结果。我的测定结果表明,无论铀盐的物理或化学条件如何,射线的发射都是铀的原子特性。任何含有铀的物质在发射射线时其活跃程度会随着这种元素的含量增加而增强。

然后我想找出是否还有其他物质具有铀的这种非凡特性,很快发现含钍的物质也有类似的特性,而这种特性同样取决于钍的原子特性。我正要对铀和钍射线进行详细研究时，发现了一个新的有趣事实。

我有机会测试了一定数量的矿物。其中一些显示出活性，它们是含有铀或钍的物质。如果这些矿物的活性与其中所含的铀或钍的量成比例的话，那么它们的活性就不会有什么惊人之处了。但事实并非如此。其中一些矿物的活性是铀的三四倍。我仔细核实了这个令人惊讶的事实，无法否认它的真实性。对其原因进行了推测，似乎只有一个解释，我认为，这些矿物中一定有某种非常活跃的未知的物质。我丈夫同意了我的观点，我主张我们立即寻找这种假设的物质，认为通过共同努力，很快就会有结果。我们都没有预见到，在开始这项工作时，我们将进入一条新的科学道路，也是我们未来将一直遵循的道路。

当然，即使在一开始，我也没有期望着会发现任何较大含量的新元素，因为矿物已经被精确地分析过了。至少，我认为在矿物中可能有 1% 的未知物质。但是，随着工作的进展，我们就越清楚地认识到，新的放射性元素可能以极小的比例存在，结论就是，它的活性一定非常大。如果我们事先知道所寻找的物质的真实含量的话，我们是否会不顾研究条件的匮乏而坚持下去，无人知晓；现在可以确定的是，我们工作的不断进展使我们全神贯注于充满激情的研究，同时困难也在不断增大。事实上，在经过几年艰苦的努力后，我们才终于成功地完全分离出了这种新物质，即现在众所周知的镭。以下是寻找和发现镭的简短故事。

因为我们一开始并不知道未知物质的任何化学性质，只知道它会发射射线，所以我们必须通过这些射线来寻找。我们首先分析了来自圣约钦斯塔尔的沥青铀矿。通过常规的化学方法分析这种矿石，并利用我们精密的电器对其不同部位的放射性进行了检测。这是一种新的化学分析方法的基础，这种方法在我们的工作之后得到了扩展应用，并借此发现了大量的放射性元素。

几个星期后，我们就可以确信我们的预测是正确的，因为活性表现出规律性。几个月后，我们可以从沥青铀矿中分离出一种伴随铋的物质，它比铀更活跃，具有明确的化学性质。1898年7月，我们宣布了这种新物质的存在，为了纪念我的祖国，我把它命名为钋。

在研究钋的同时，我们还发现，伴随着从沥青铀矿中分离出来的钡，还有另一种新元素。经过几个月的密切合作，我们分离出了第二种新物质，后来发现它比钋重要得多。1898年12月，我们宣布发现了这种新的元素，就是现在著名的元素——镭。

然而，大部分实质性工作尚未完成。当然，我们已经明确发现了奇妙的新元素的存在，它们以微量混合在铋和钡中，但这些新物质主要由于辐射特性而区别于铋和钡。我们还要把它们作为纯元素分离出来。然后我们就开始这项工作。

我们做这项工作的设备非常简陋。大量的矿石必须经过仔细的化学处理。我们没有钱，没有合适的实验室，没有人帮助我们完成这项艰巨而重要的任务。真可谓是"无米之炊"，如果说我早年的学习生涯曾被我的姐夫称为我人生中的"峥嵘岁月"，那么可以毫不夸张地说，我和我丈夫现在进入的时期是我们共同生活中真正的"英雄时代"。

在之前实验过程中，我们得知在圣约钦斯塔尔铀厂处理沥青铀矿时，一定有镭残留在废渣中。在工厂所有者奥地利政府的许可下，我们成功地获得了一定数量的沥青铀矿废渣，当时这些废渣毫无价值，但我们用它来提取镭。当装着混有松针的棕色粉尘的麻袋送来的时候，当其放射性活度被证明比原始矿石还要强的时候，我是多么开心啊！幸运的是，这些废渣没有被扔得太远，也没有以某种方式被处理掉，而是堆在工厂附近的松林里。一段时间后，奥地利政府在维也纳科学院的提议下，让我们以低价获得几吨类似的废渣。在我收到美国妇女送给我的珍贵礼物之前，我实验室里所有的镭都是用这种材料提取的。

物理学院不能给我们提供合适的场所，但是由于没有更好的地方，院长允许我们使用一个废弃的木棚，这个木棚曾经是医学院的解剖室。它的玻璃屋顶无法完全遮挡雨水，夏天热得令人窒息，冬天的严寒只有在铁炉子附近才能稍稍减轻一点。没有化学家通常使用的必需的适当仪器。我们只有一些带熔炉和煤气炉的旧松木桌子。我们不得不利用邻近的院子进行某些产生刺激性气体的化学操作；即使在院子里操作，气体也经常充满我们的木棚。在这种设备条件下，我们开始了艰辛的工作。

然而，就是在这个破败的旧木棚里，我们度过了人生中最美好、最幸福的时光，我们把全部时间都花在了工作上。我经常要在木棚里准备午餐，这样就不会打断一些特别重要的工作。有时候我不得不花一整天的时间用一根和我差不多高的重铁棒搅拌沸腾的物质。一天结束的时候，我累的筋疲力尽。相反，其他日子里的工作可能是精细的分级结晶，用以浓缩镭。当时，我被铁和煤的浮尘弄得烦躁不安，怕它们会污染我的宝贵产品。但是，这种平静的研究气氛所带来的喜悦，实际进展以及对取得更好结果的信心所带来的兴奋，也是无以言表。有时在一些不成功的努力之后产生的沮丧感没有持续多久，就又充满信心开始新的行动。有时我们绕着木棚散步,轻声讨论我们的工作,度过了愉快的时光。

我们的乐趣之一是在晚上进入我们的工作间。我们会看到四周装着产品的瓶子或盒子微微发光的轮廓。这真是一个迷人的景象,对我们来说总是充满新奇感。那些发光的试管看起来像微弱的精灵之光。

就这样,几个月过去了,我们的工作,几乎没有被短暂的假期打断,得出了越来越完整的证据。我们的信念越来越坚定,我们的工作越来越为人所知,我们找到获得更多原材料的

实验室中的居里夫人,1900年前后

方法,并在工厂里进行一些粗加工,这让我有更多的时间进行精细加工处理。

在这个阶段,我尤其致力于镭的提纯,我的丈

夫则专注于研究新物质发出的射线的物理性质。只有在处理了1吨沥青铀矿废渣后,我才能得到确切的结果。事实上,我们今天知道,即使在最好的矿物中,1吨原材料中的镭也不超过零点几克。

最后,分离出来的物质显示出纯化学物质的所有特征的时刻到来了。镭这个物质表现出特征光谱,我能够确定它的原子量远远大于钡,这在1902年得以证实。当时我得到了0.1克非常纯的氯化镭。我花了将近4年的时间才找到了化学科学所需要的证据,证明镭确实是一种新元素。如果我有较好的实验条件,一年的时间也许就足以达到同样的目的。付出如此巨大努力所完成的证明是放射性新科学的基础。

在后来的几年里,我制备出几分克的纯镭盐,更精确地测定原子量,甚至分离出纯镭金属。然而,镭的存在和性质明确确立是在1902年。

几年来,我们完全专注于研究工作,但后来情况逐渐发生了变化。1900年,我的丈夫获得了日内瓦大学的教授职位,几乎与此同时他也获得了巴黎大学助理教授的职位，而我被任命为塞弗雷斯女子师范学院的教师。所以，我们留在了巴黎。

我对我在师范学院的工作很感兴趣，并努力让学生进行充分的实际实验练习。这些学生都是20岁左右的女孩，经过严格的考试进入学校，仍然需要认真学习，以满足她们被任命为中学教师的要求。所有这些年轻女性都热切地学习，我很高兴能指导她们的物理学习。

但是，随着我们的研究成果公之于众，越来越高的知名度开始困扰我们在实验室里安静的工作，而且生活逐渐变得更加困难。1903年我完成了博士论文并获得了学位。同年年底，

1903年的居里夫人

我和我丈夫还有贝克勒尔因发现放射性和新放射性元素而共同获得诺贝尔物理学奖。

获奖极大地提高了我们工作的知名度。有一段时间,生活再也没有安宁。参观者以及讲座和文章的需求每天都打扰着我们的生活。

获得诺贝尔奖是一项莫大的荣誉。众所周知,这个奖项所提供的奖金比通常的科学奖要丰厚得多。这对我们继续研究有很大帮助。不幸的是,我们过度疲劳,我们两人的健康状况接连出现问题,因此直到1905年我们才能够去斯德哥尔摩,在那里我们受到了热烈欢迎,我丈夫发表了他的获诺贝尔奖的演讲。

因工作条件不尽如人意而造成的体力精力的透支,因获奖后引起过多的社会关注而加剧。我们寻求的安静生活被打破,也给我们带来了极大苦恼,而且产生了灾难性的后果。它给我们的生活带来了重大的麻烦,前面我已经解释过,为了维持我们的家庭生活和我们的科学活动,我们不受外界干扰的自由是多么不可或缺。当然,制造这种麻烦的人通常都是出于好意,只是他们没有意识到问题的严重性。

1904年,我们的第二个女儿伊芙·丹尼斯（Eve Denise）降生。当然,我不得不暂时中断我在实验室的工作。同年,由于诺贝尔奖的颁发和公众的认可,巴黎大学新设立了一个物理学教授职位,我丈夫被任命为教授。与此同时,我被任命为即将为他创建的实验室的主任。但实际上,当时并没有建造实验室,我们只能使用几间借用的房间。

1906年,正当我们决定告别曾经带给我们快乐的旧木棚实验室时,一场可怕的灾难发生了,我的丈夫离开了我,留下我一个人抚养孩子,同时还要继续我们的研究工作。

失去了我最亲密的伴侣和最好的朋友,我无法形容这场灾难给我的生活带来的沉重的打击。我被灾难击垮了,无法面对未来。然而,我不能忘记我丈夫曾经说过的话,即使失去了他,我也应该继续工作。

而这个时候大众刚刚将我丈夫的名字与一些发现联系在一起,他的离去被公众特别是科学界认为是国家的不幸。很大程度上是在这种情况的影响下,巴黎科学院决定请我接任我丈夫在巴黎大学刚任职一年半的教授职位。这是一个特殊的决定，因为到那时为止，尚没有女性担任过这样的职位。巴黎大学这样做相当于给了我一个殊荣，也给了我机会去继续那些原本可能不得不放弃的研究。我没想到会有这样的恩赐，除了能够自由地为科学工作之外，我别无他求。在当时悲痛的情形下，接受我所获得的荣誉是非常痛苦的。此外，我也不知道我是否能够承担如此重要的责任。犹豫了许久之后，我决定至少应该努力完成这项任务，于是我从1906年开始在巴黎大学教书，担任助理教授，两年后我被任命为名义教授。

在新情况下，我生活中的困难大大增加了，因为现在只有我一个人承担起以前我和我丈夫共同承担的重担。照料年幼的孩子们需要我时刻保持警惕；在这件事上，我公公继续和我们住在一起，心甘情愿地承担了照顾孙女们的责任。他很高兴能和小孙女们在一起，她们的陪伴是他失去儿子后最大的安慰。通过我公公和我的努力，孩子们有了一个快乐的家，即使我们内心仍然处于悲伤中，她们还太小，感受不到我们的悲伤。由于我公公强烈希望住在乡下，我们在巴黎郊区的索镇买下一栋带花园的房子，从那里我花费半小时内到达城里。

这种乡村生活不仅对我公公有很大的好处，他喜欢这个新环境，特别是他的花园，而且对我的女儿们也有好处，她们可以在开阔的乡间散步。但是她们离我更远了，所以有必要给她们找个家庭教师。这个职位首先由我的一个表妹担任，然后由一个有爱心的女士担任，她曾经帮着把我一个姐姐的女儿带大。她们两个都是波兰人，我的女儿们就这样学会了我的母语。有时，我在波兰的家人来看望处于悲痛的我，我们设法在假期的时候在法国的海滨见面，有一次在波兰的山区见面。

1910年，我们失去了我亲爱的公公，他长期患病，他的去世使我很长时间陷于悲伤。我曾经尽可能多地陪在他的床边，聆听他对逝去岁月的回忆。他的去世深深地影响了我的大女儿，她那时12岁，已能理解在他的陪伴下度过的快乐时光的价值。

我女儿们在索镇的教育资源很少。最小的那个孩子还很小，主要需要生活卫生、户外散步和小学教育。她已经表现出聪明才智和不同寻常的音乐天赋。她的姐姐在智力方面与她的父亲相似。她的思维并不敏捷，但是人们已经看出她有推理的天赋，而且她喜欢科学。她在巴黎的一所私立学校接受过一些培训，但我不想让她继续上中学，因为我总是觉得这些学校的课时太长，不利于孩子们的健康。

我的观点是，在儿童教育中，应该尊重他们的成长和身体发育的要求，应该为他们的艺术培养留出一些时间。在大多数学校，就像现在一样，花费在各种阅读和写作练习上的时间太多了，需要在家里完成的学习也太多了。我还发现，这些学校普遍缺乏伴随科学学习的实践练习。

因此，我与大学里赞同这些观点的朋友们，为子女教育组织了一个合作小组，我们每个人负责向孩子们讲授某一特定学科。我们都忙于其他事情，孩子们的年龄也各不相同。然而，这种尝试非常有趣。通过少量的课程，我们成功地将文化中优秀的科学和文学元素重新结合起来。科学课程伴随着孩子们非常感兴趣的实践练习。

这种安排持续了两年,事实证明对大多数孩子都是非常有益的,对我的大女儿也是如此。经过这样的准备,她进入了巴黎一所大学的高年级学习,提前顺利通过了学士学位考试,之后她在巴黎大学继续她的科学研究。

我的二女儿,虽然没有受益于类似的安排,她起初只学习了大学的部分课程,后来完整地学习了大学课程。她表现优异,是各方面都很优秀的好学生。

我非常想让我的孩子有足够合理的体育锻炼。除了户外散步,我非常重视体操和运动。在法国,女孩在这方面的教育仍然被忽视。我注意让我的孩子们定期做体操。我也小心翼翼地让她们去山上或海边度假。她们会划独木舟,游泳游得很好,不怕长途跋涉或骑自行车。

当然,孩子的教育只是我职责的一部分,我的研究活动占用了我大部分的时间。我经常被问到,尤其是女性会问我是如何才能兼顾家庭生活与科学职业。是的，这并不容易，它需要大量的决断和自我牺牲。我和现在已经长大成人的女儿们之间关系非常亲厚，相互爱护和相互理解使我家的生活更加美好，苛刻的话语或自私的行为在我家也不被允许。

1906年，当我接替丈夫在巴黎大学工作时，我只有一个临时实验室，空间很小，设备也非常有限。一些科学家和学生以前与我和我丈夫一起在那里工作。在他们的帮助下，我得以继续研究并取得成功。

1907年，我从安德鲁·卡内基（Andrew Carnegie）先生那里得到了宝贵的支持，他每年向我的实验室捐赠一笔研究经费，使得一些高年级学生或科学家能够全身心地投入到研究中去。这样的捐赠足以鼓励那些有志向和有才华的人全身心投入到研究工作中。为了科学的发展，这种捐赠应该成倍地增加。

至于我自己，我不得不再次投入大量的时间来准备几分克非常纯的氯化镭。1907年，我完成了镭原子量的新测定，1910年我能够分离出这种金属。这项操作极其精细，是在实验室一位杰出的化学家的协助下进行的。自那以后，它再也未被重复过，因为这一操作会造成镭的严重损耗，只有极其小心才能避免损耗。于是，我终于看到了这种神秘的白色金属，但它不能保持这种状态，因为它还需要用于进一步的实验。

至于钋，我无法分离它，它在矿物中的含量甚至比镭还要少。然而，在我的实验室里已经制备了高浓度的含钋物质，并且已经用这种物质进行了重要的实验，特别是关于用钋辐射产生氦的实验。

我必须特别注意改进实验室的测量方法。我已经讲过精确测量在镭的发现中有多么重要。人们仍然希望有效的定量测定方法能够带来新的发现。

我设计了一种非常令人满意的方法，通过镭产生的放射性气体来确定镭的量，这种方法叫作"发射"。这种方法在我的实验室中经常使用，可以测量非常微量的镭（小于 0.001 毫克），精度相当高。更重要的量通常是通过它们的穿透辐射（称为伽马射线）来测量。为此，我们实验室里还有一套合适的设备。用发射的射线测量镭比用天平称镭更容易、更准确。然而，这些测量需要可靠标准。因此，镭测量标准的问题必须仔细考虑。

镭的测量必须建立在可靠的基础上，以利于实验室和科学研究，当然，这本身就是一个重要的原因，而且，这种物质的医学应用日益增长，使得有必要控制商业生产的镭的相对纯度。

我丈夫还在世时，我们实验室的样品在法国成功地进行了第一次镭的生物学特性实验。其结果当即令人欢欣鼓舞，因此医学科学的新分支放射疗法（在法国叫做居里疗法）迅速发展起来，先是在法国，后来在其他国家。为了生产这种用途所需要的镭，建立了镭工业。在法国建立的第一个工厂运作非常成功，后来在其他国家也建立了工厂，其中最重要的工厂当时是在美国，那里有大量的镭矿石，称为"矾钾铀矿"。放射治疗和镭的生产共同发展，其结果对于多种疾病的治疗，特别是癌症的治疗越来越重要。因此，在大城市建立了几个研究所来使用这种新的治疗方法。其中一些研究所拥有几克镭，目前每克镭的商业价格约为7万美元，生产成本高是由于矿石中镭的含量极小。

我很荣幸地认识到,我们的发现不仅具有巨大的科学重要性,还具有对抗人类痛苦和可怕疾病的有效作用,使人类受益。这确实是对我们多年辛勤劳动的一个极好的回报。

当然,这种疗法的成功取决于对所使用镭的量的精确了解,因此,镭的测量对工业和医学的重要性不亚于其对物理化学研究的重要性。

考虑到所有这些需求,成立了一个由不同国家的科学家组成的委员会,他们同意以一个国际标准为基础,该标准由仔细称量的纯镭盐组成。然后每个国家通过辐射方式与基本标准进行比较来制定二级标准。指派我准备基本标准。

这是一个非常精细的操作,因为标准样品的重量非常小(约 21 毫克氯化物),必须非常精确地测定。我在 1911 年完成了准备工作。标准是一根长几厘米的细玻璃管,装有用于测定原子量的纯盐。委员会接受了该标准,并将其存放在巴黎附近的塞弗尔国际度量局。相对于基本标准,委员会已将若干次级标准投入使用。在法国，通过测量镭管的辐射来控制镭管是在我的实验室进行的，在那里任何人都可以携带镭进行测试；在美国，这种测试是在标准局进行的。

1910年年底，我被提名接受荣誉军团勋章。早些时候也有人提出了授予我的丈夫类似勋章，但是，由于他反对所有的荣誉称号，所以没有接受提名。由于我丈夫和我在所有事情上意见都太统一了，在这件事上我的做法也与他一致，尽管政府部门坚持，我还是没有接受这个勋章。同时，几个同事说服我成为巴黎科学院的院士候选人，我丈夫在生命的最后几个月里也是该科学院的院士。我非常犹豫，因为按照惯例，这样的候选资格需要大量亲自拜访科学院院士。然而，我决定作为院士候选人，因为选举对我的实验室会有好处。我的院士候选人资格激起了公众的强烈兴趣，特别是因为它涉及女性进入科学院的问题。许多院士在原则上反对这一点，当进行审查时，我的得票数没有超过必要的票数。我再也不希望继续我的院士候选人资格，因为我对所需要的个人请求非常反感。我认为，所有这类选举都应完全以自发决定为基础，不涉及任何个人努力，就像几个学院和学会接受我成为会员，是在我没有任何要求或主动申请的情况下加入的。

由于所有的烦恼都转移到了我身上，我在1911年年末得了重病，那时我第二次获得诺贝尔奖，这次是独自一人。这是一个非常特殊的荣誉，是对发现新元素和制备纯镭的高度认可。尽管我很痛苦，我还是去了斯德哥尔摩领奖。这段旅程对我来说极其痛苦。陪同我一起前往的是我的大姐和我年幼的女儿伊蕾娜。诺贝尔奖颁奖仪式非常隆重，具有国家庄严肃穆的特点。我受到了最慷慨的接待，特别是来自瑞典妇女的接待。这对我来说是一个极大的安慰，但是我承受着巨大的病痛，当我回来后不得不卧床好几个月。这种严重的疾病，以及我孩子教育的重要性，迫使我把家从索镇搬到了巴黎。

1912年，我有机会在华沙合作建立一个镭实验室。这个实验室由华沙科学学会建立、由我指导。我不能离开法国回到我的祖国，但是我欣然同意帮助新的实验室组织研究工作。1913年，由于我的健康状况有所改善，我参加了在华沙举行的开幕典礼，我在那里受到了热情的接待，这给我留下了难忘的充满民族情怀的记忆，这种民族精神在特别困难的政治条件下助我完成了有益的事业。

虽然我的病还没有完全康复，但我重新努力在巴黎又建造了一个合适的实验室。最后终于安排好了，于1912年开始建设。巴斯德研究所希望与该实验室合作，并根据该大学的要求，决定建立一个镭研究所，由两个实验室组成，一个是物理实验室，另一个是生物学实验室，物理实验室致力于研究放射性元素的物理和化学性质，生物学实验室致力于研究放射性元素的生物和医学应用。但是，由于缺乏经费，建设工作进展缓慢，到1914年战争爆发时还没有完全建成。

第 3 章

战争中的我

1914年,就像往年一样,我的两个女儿比我先离开巴黎去过暑假。她们由我非常信任的几位家庭教师陪同前往,她们住在布列塔尼海边的一所小房子里,那里还住着我们几个好朋友的家人。我的工作一般不允许我在她们身边不被打扰地度过整个假期。

当时我正准备在7月的最后几天加入孩子们的度假行列,一个糟糕的政治消息阻止了我,消息预示着即将进行军事动员。在这种情况下,我似乎不可能离开,我等待着事件的进一步发展。动员行动于8月1日宣布,紧接着德国向法国宣战。实验室的几位工作人员和学生都被动员参军,只剩下了我和一位因患严重心脏病不能参军的机械师。

随后发生的历史事件人人都知道,但只有1914年8月和9月期间住在巴黎的人,才能真正了解首都的士气和它所表现出的沉着及勇气。这次动员是为了保卫这片土地,在整个法国掀起的一次浪潮,一直延伸至法国边界。我们所有的关注点都集中在前线的新闻上。

经过最初几天的不确定性,之后情形变得越来越严峻。

首先是德国对比利时的入侵和这个小国的英勇抵抗;然后是德国军队胜利穿过瓦兹河谷向巴黎进发;很快法国政府撤离到波尔多,随后那些不能或不愿意面对德国占领的巴黎人也离开了。超载的火车把许多人带到了乡下,大部分是富裕阶层。但是,总的来说,巴黎人民给人的印象是,在那决定命运的1914年,他们表现得非常镇静。在8月底和9月初,天气晴朗,在那光辉灿烂的天空下,这座有着建筑瑰宝的大城市对那些留下来的人来说似乎特别珍贵。

当德国进攻巴黎的危险迫在眉睫的时候,我觉得有必要把镭从我的实验室转移到安全的地方,于是,我受政府委托把镭带到波尔多以确保安全。但是我不想离开太久,所以决定送到之后马上回来。我乘坐一列载有政府工作人员和行李的火车离开,我清楚地记得从火车上每隔一段时间就能看到国道的情况;国道上可以看到一长排汽车载着他们的主人从首都去往波尔多。

晚上到达波尔多时,携带的包里装有用铅保护着的镭,非常重,让我非常为难。我搬不动,只能在公共场所等待,这时乘坐同列火车的一位友好的政府工作人员设法在一间私人公寓里为我找了一个房间,因为旅馆已是人满为患。第二天早上,我迅速地把镭放在一个安全的地方,并成功地乘坐当天晚上返回巴黎的一列军用火车,当然其中也经历了一些波折。当时我有机会和当地的人交流了几句,他们也想向乘火车来的人打听些消息,我注意到,当他们听到有人把返回巴黎看得很自然时,似乎有些惊讶和欣慰。

在回来的路上，火车在铁轨上停了几个小时，旅客们从领到面包的士兵那里拿到一点面包。终于到了巴黎，我得知德国军队已经转向，第一次马恩河战役已经开始。

在巴黎，我和当地居民一样，在那场重大的战役中，希望和悲伤的情绪交替涌现，我一直担心，如果德国人成功占领了巴黎，我会和我的孩子们长期分离。但我觉得我必须坚守岗位。然而，在战斗取得胜利之后，眼前被占领的危险不复存在了，我就能让我的女儿们从布列塔尼回到巴黎，重新开始她们的学业。这也是孩子们的强烈愿望，她们不想远离我，不想荒废她们的学业，即使其他许多家庭认为留在远离前线的乡下更明智。

当时每个人的主要责任是在国家面临极端危机的时候以任何可能的方式帮助国家。大学里没有得到这方面的总体指示，需要靠每个人自己发挥主动性，自己采取行动。于是，我积极寻求最有效的方法，充分利用我已有的科学知识，来做出自己的贡献。

在1914年8月接二连三的事件中，清楚地证明了城市防卫准备不足。公众对卫生服务机构出现的严重失误感到尤为担忧。我也特别注意到了这一情况，很快我就发现了一个可以有所作为的工作领域，而一旦进入这个领域后，就占据了我大部分的时间和精力，这种情况一直持续到战争结束，甚至是战争结束后的一段时间。这项工作是为军队医院组织放射学和放射治疗服务。然而，在那段艰难的战争时期，我同时还要把我的实验室改造成新的镭研究院，并且尽可能地继续常规教学，另外还要开展针对某些问题的研究，特别是与军事服务相关的问题。

X射线为外科医生检查病人和伤员提供了非常有用的手段。通过X射线可以发现和准确定位进入人体的弹片，这对于取出它们有很大的帮助。X射线还可以显示骨骼和内部器官的损伤，从而有助于了解内部损伤的恢复情况。战争期间X射线的使用挽救了许多伤员的生命，也使许多人免于忍受长期的病痛。对所有伤员来说，X射线提供了更大的康复机会。

然而，在战争伊始，军事卫生委员会没有与放射学相关的组织，而民间组织也发展很不完善。只有少数重要医院有放射设备，大城市里也只有少数几位相关的专家。在战争的头几个月里，法国各地新建了许多医院，也都没有安装 X 射线设备。

为了满足这一需求，我首先把实验室和商店里能找到的所有仪器都收集起来。我在 1914 年 8 月和 9 月用这些设备仪器建立了几个放射科站点，在我的指导下由志愿者帮助操作。在第一次马恩河战役期间，这些站点发挥了巨大的作用。但由于它们不能满足巴黎地区所有医院的需要，我在红十字会的帮助下装配了一辆放射车。这是一辆旅行汽车，用来运输一套完整的放射性仪器，还有一个由汽车发动机驱动的发电机，为产生射线提供必要的电流。这辆车随时听从于巴黎周边的任何一家医院的调遣，无论医院大小。由于这些医院不得不医治那些无法运送到更远地方的伤员，因此急诊情况频繁发生。

这项工作的初步结果表明，有必要再扩大规模。

得益于特别捐款和一个非常高效的救济委员会（被称为"国家福利组织"）的帮助，我成功地将我当初的计划扩展到一定规模。通过我的努力，在法国和比利时军区以及法国未被德军占领的地区，大约有200个放射性设备建立起来或者得到了实质性的改善。此外，我还能够装备我的实验室，并给军队提供了二十辆放射车。这些车的车架是由许多希望能够帮上忙的人捐赠的，其中一些人还提供了设备。这些车对军队的贡献很大。

这些私人装配的设备在战争的头两年尤其重要，因为当时正规军只有很少的放射性仪器。后来，卫

居里夫人和移动放射车

生委员会逐渐建立了相当规模的放射学服务，这得益于私人倡议所提供的例子，使人们更加清楚地认识到这些放射站点的用处。但军队的需求是如此之大，以至于与我的合作一直持续到战争结束，甚至持续到战后。

如果没有亲眼看到救护站和医院的需要，我是不可能完成这项工作的。得益于红十字会的帮助和卫生委员会的同意，我得以多次前往军区和法国其他地区。有几次我去了北方和比利时地区军队的救护站，前往亚眠、加莱、敦刻尔克、福恩斯和波佩林赫。我还去了凡尔登、南茜、鲁奈维尔、贝尔福特，到过贡比涅和维勒斯—科特雷茨。在远离前线的地区，我去过许多医院，这些医院不得不在几乎没有援助的情况下进行非常繁重的工作。我将那一段时期看作珍贵的回忆，其中包括许多来自我帮助过的人的热情的表扬信。

我开始旅行的动机通常是源于外科医生的请求。我开着一辆我私人用的放射车。在医院检查伤员时，我可以了解到这个地区的特殊需求。回到巴黎后，我拿到能够满足这些需求的必要设备，然后自己回去安装，因为这对于战区的人来说往往是做不到的。然后，我不得不找到能胜任的人来操作仪器，并详细教他们如何操作。经过几天的艰苦工作，操作人员学会了自己操作仪器，同时这个过程中也为大量伤员做了检查。此外，该地区的外科医生也了解到放射学检查的效用（当时很少有人知道这一点），并且与我建立了友好关系，这使得我以后的工作开展更加容易。

在我的几次旅行中，我的大女儿伊蕾娜陪伴着我。她当时17岁，完成了她的预科学习，在巴黎大学接受高等教育。因为她非常渴望成为一个有用的人，所以她当时学习了护理和放射学，并在复杂多变的情况下尽力帮助我。她在福恩斯和伊普尔之间的前线做救护工作，也在亚眠工作，她从军事参谋部那里获得工作优秀奖状，并在战争结束时获得一枚奖章。

那几年在医院的工作经历，给我的女儿和我留下了许多回忆。旅行的条件特别艰苦，我们经常不确定是否能够继续前进，更不用说能否找到住处和食物了。然而，由于我们的坚持和善意，事情总能得以解决。无论我们走到哪里，我都必须亲自照料每个细节，会见多位军事首长，以获得通行证和运输许可。很多时候，我需要在工作人员的帮助下，亲自把我的设备装上火车，以确保它能够继续前进，而不是在车站滞留几天。到达后，我再把它们从被围困的车站取出。

当我驾驶放射车旅行时，也会出现其他问题。例如，我必须为汽车找到安全的地方停放，为助手们找到住处，加固汽车配件。由于缺少司机，我学会了开车，并且在必要的时候开。由于所有这些都是在我亲自监管下，我的设备通常很快就能安装好，而要向中央卫生局提出申请却回应缓慢。所以军队首长们非常感谢我能提供的帮助，尤其是在紧急情况下。

我女儿和我都对医院的工作人员怀有感激之情，我们与外科医生和护士的关系很好。人们不能不钦佩这些不计得失无私奉献的男女，他们的任务往往

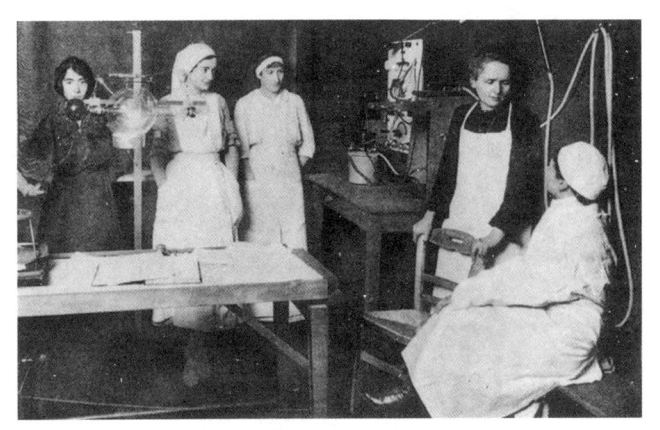

居里夫人和医生、护士在一起

无比繁重。我们之间的合作很顺利，因为我和女儿在工作中努力为对方着想，我们觉得好像是和朋友并肩站在一起。

虽然我们隶属于比利时救护队，但我们在阿尔伯特国王和伊丽莎白女王来访期间多次在场。我们深深感激他们的付出、对伤者的关怀、极度的朴实和诚恳。

但是没有什么比照顾伤员更让人感动的了。我们被他们吸引是因为他们的痛苦和对痛苦的忍耐力。几乎每个人都尽力配合 X 射线检查，尽管任何移位都会引起疼痛。我们很快就了解了他们每个人，并与他们友好的交流。那些不熟悉检查的人非常想确认他们将要体验的奇怪仪器的效果。

我永远不会忘记那些对人类生命和健康的破坏给我留下的可怕印象。人们只要看一次我曾经多次看过的场景就特别痛恨战争：浑身是泥和鲜血的男人和男孩被抬上高级救护车，他们中的许多人死于受伤，还有许多人在数月的痛苦和煎熬中慢慢康复。

我面临的一个难题是找到必要的训练有素的助手来操作我的仪器。战争伊始，人们对放射学知之甚少，那些不懂得如何操作的人手中的仪器很快就报废了。战时大多数医院的放射操作并不需要太多的医学知识，只要会学习并对电气机械有一定概念的知识分子都能充分掌握。教授、工程师或大学生通常是优秀的操作者。我不得不寻找那些暂时不服兵役的人或者当地人。但即使在我找了他们之后，这些操作员还是经常因军事命令转移，我不得不再次寻找其他人来填补他们的空缺。因此，我决定培训妇女从事这项工作。

因此，我建议卫生局，在伊迪丝卡维尔医院刚刚成立的护士学校增加一个放射科。他们同意这么做。因此，在1916年，这门课程在镭研究所开课，并在接下来的战争年代中为150名操作员提供培训。大多数申请的学生只受过小学教育，但如果学习方法得当，就能胜任。该课程包括理论学习和非常广泛的实践培训，还包括一些解剖学的学习。这些培训是由几个好心人提供的，其中包括我的女儿。我们的毕业生形成了一支优秀的人才队伍，受到了卫生局的由衷赞赏。在理论上，他们应该是医生的助手，但是他们中的一些人也有能力独立工作。

战时我在放射学方面持续不断的各种经验使我对这一学科有了广泛的了解，我觉得应该让公众更加熟悉这一学科。因此，我写了一本名为《放射学与战争》的小书，旨在展示放射学的重要性，并将其在战时的发展与之前和平时期的使用进行比较。

现在我来谈谈镭研究所建立放射治疗服务的情况。

1915年，安全存放在波尔多的镭被带回巴黎，由于没有时间进行常规的科学研究，我决定用它来治疗伤员，但不必冒失去这种珍贵材料的风险。我继续向卫生局提供镭，但并不是镭本身，而是定期从镭中获得的辐射。放射治疗的技术可以很容易地应用于较大的放射治疗机构，并且在许多方面比直接使用镭更加实用。然而，在法国没有国家放射治疗研究所，医院也没有使用放射疗法。

我主动提出定期向卫生局提供辐射灯泡。这个提议被接受了，开始于1916年的"放射服务"一直持续到战争结束甚至更久。在没有助手的情况下，我不得不长时间独自准备这些辐射灯泡，它们的准备工作非常精细。许多伤病员、军人和平民都接受过这些灯泡的治疗。

在德军轰炸巴黎期间，卫生委员会采取了特别措施，保护灯泡制备实验室免受炮弹的轰炸。由于镭的操作远非没有危险（有好几次我感到不舒服，我认为是这个原因造成的），所以采取了措施以防射线对制备人员造成有害影响。

虽然与医院有关的工作仍然是我的主要兴趣点，但在战争期间，我还有许多其他的关注点。

在 1918 年夏天，德国进攻失败后，应意大利政府的要求，我去了意大利研究其放射性物质的自然资源问题。我在那里待了一个月，取得了一些成果，使公共机构对这个新课题的重要性产生了兴趣。

1915 年我不得不把我的实验室搬到皮埃尔·居里街的新大楼里。这是一次艰难而复杂的经历，我又一次面临既没钱又没任何帮助的境况。因此，我只能在出访之余用我的放射车一点一点地运送我的实验室设备。后来，在我女儿和我的机械师（不幸的是，我的机械师经常生病）的帮助下，我花了很多时间对我的材料进行分类和整理，并对新的地方进行总体布置。

我最关心的事情之一就是在我实验室有限的院落里种树。我觉得在春夏季节，让眼睛享受新鲜树叶带来的舒适感是非常必要的。所以我尽力让那些即将在新大楼工作的人感到愉快。我们种了一些青柠和法国梧桐树，尽可能多地种植，还没忘种上花圃和玫瑰。我清楚地记得德国大炮轰炸巴黎的第一天，我们一大早就去了花市，花了一整天的时间忙着种植，而几枚炮弹就落在附近。

尽管困难重重，新的实验室还是一点一点地布置起来，我很满意地看到它在1919—1920学年的开始，即军人复员期间就已经完全准备好了。1919年春天，我为一些美国士兵学生开设了特殊课程，他们也非常热情地参加了我女儿指导的实践练习。

整个战争时期对我来说，和对其他许多人一样，是一段极度疲劳的时期。我几乎没有休假，除了偶尔在女儿们的假期去看望她们几天。我的大女儿也几乎没有休假，为了保护她的健康，有时我不得不把她送走。她正在巴黎大学继续她的学业，而且正如之前所说，她还帮助我做战争期间的工作，而小女儿还在预科学校。轰炸期间，她们都不想离开巴黎。

4年多的战争造成了前所未有的破坏，最终在1918年秋天，停战协议终于达成，然后是通过艰苦的努力重建和平。那段遭受惨痛损失的黑暗时期终于结束，法国大松了一口气。但是悲伤犹在，生活仍然艰难，恢复平静和幸福的生活尚需时日。

尽管如此，牺牲了这么多人的生命而换取的胜利，还是使我感到非常高兴。虽然我几乎都不敢想，但我终于活着看到了一个多世纪以来对我的祖国波兰所遭受的不公正的补偿，这些不公正的待遇使我的祖国波兰成为奴隶，领土和人民被敌人分割。这是波兰民族应得的复兴，在长期的压迫和几乎看不到希望的情况下，她忠于自己的民族梦想。这个珍贵但难以实现的梦想，在席卷欧洲的风暴之后变成了现实。在这种新的情形下，我去了华沙，在多年的分离之后，在自由波兰的首都再次见到了我的家人。但是，新波兰共和国的生活条件是多么艰难，在经历了这么多年不正常的生活之后，重建的问题又是多么复杂！

彼时的法国，满目疮痍，如此多的民众丧生，战争造成的灾难尚未消除，恢复正常工作只能逐步实现。科学实验室也受到这种情况的影响，镭研究所也面临同样的问题。

战争期间建立的各种放射学机构仍然部分保留了下来。放射学护士学校应卫生委员会的要求也保留下来。放射服务不能舍弃，也继续扩大了规模。它已经在镭研究所巴斯德实验室主任雷古（Regaud）博士的指导下通过，并且正在发展成为一个大型国家放射治疗服务。

随着动员参军的人员和学生的回归，实验室的工作也进行了重新规划。但国家仍然经济紧张，实验室缺乏高效发展的途径和经费。特别需要的是建立一个独立的放射治疗（在法国被称为居里疗法）医院和一个位于巴黎郊外的实验站，用于对大量材料进行实验，例如为进一步认识放射性元素所需要的实验。

我自己也不再年轻了，我经常问自己，随着政府最近在将一些私人捐助用于研究上的投入，我是否会成功地为那些将来会继承我研究的人建立一个镭研究院，我希望借此纪念皮埃尔·居里，并向人类最高利益致敬。

然而，在1921年，我得到了弥足珍贵的鼓励。在美国W.B.梅隆尼夫人的倡议下，这个伟大国家的妇女们筹集了一项基金——"玛丽·居里镭基金"，并送给我1克镭作为礼物，完全由我支配用于科学研究。梅隆尼夫人邀请我和我的女儿们前往美国，在白宫从美国总统手中接受这份礼物，或者说是这份礼物的象征。

这笔基金是通过公开募捐筹集的，其中既包含小额捐款也包含大额捐款，我非常感谢我的美国姐妹们，这是她们情感的真实体现。于是，我在5月初动身前往纽约，离开之前研究人员在巴黎歌剧院为我举行了一个送行仪式。

我怀着感激的心情回忆我在美国逗留的几个星期。我在白宫受到的盛情款待，哈丁总统与我亲切交谈，那些欢迎我并授予我荣誉学位的大学和学院，那些前来欢迎我的人们的深切情谊。

我还有幸参观了尼亚加拉大瀑布和大峡谷，我惊叹于这些大自然的奇观。

不幸的是，我的健康状况岌岌可危，无法完全实现我访问美国时制定的总体计划。然而，我看到并学到了很多东西，我的女儿们充分享受了她们意想不到的度假机会，以及她们母亲工作得到认可所带来的自豪感。6月底，我们启程前往欧洲，与朋友们分别使我们不无伤感，我们会永远记住他们。

我又回到工作中，珍贵的礼物使我的工作变得更加容易，我以更加饱满的热情和全新的勇气继续我的工作。但是，由于我的目标在关键部分仍然缺少支持，我经常被迫思考一个基本问题：科学家应该如何看待自己的发现。

我丈夫和我一样，总是拒绝从我们的发现中获取任何物质利益。我们从一开始就毫无保留地公布了我们用来制备镭的过程。我们没有申请专利，我们在所有工业开发中都没有保留任何利益，没有对任何细节保密，正是由于我们在出版物中提供的信息，镭工业才得以迅速发展。到目前为止，这个行业所使用的方法几乎都是我们之前确立的方法。矿物处理和分级结晶仍然是按之前在我实验室里的同样方式进行，即使现在的物质条件已经改善了。

至于在工作的头几年我从矿石中提取的镭，我已经全部用于我的实验室工作。

镭的价格非常高，因为它在矿物中的含量非常少，而生产镭的利润很高，因为可以用它来治疗许多疾病。所以我们放弃了这一切，牺牲的是一大笔财富，这笔财富本可以在我们死后留给我们的孩子。但更值得考虑的是我们许多朋友的反对意见，他们不无理由地认为，如果我们保留了自己的权利，我们就可以有足够的财力建立一个令人满意的镭研究院，而以前阻碍我们两个人，现在仍在阻碍我的种种困难都可以避免。尽管如此，我仍然相信我们是对的。

人类当然需要善于实践的人，他们能从工作中取得极大收获——既能保障自己的利益，同时又不忘记社会公众利益。但人类也需要梦想家，对他们来说，醉心于一种事业的大公无私，因而不能注意到自身的物质利益。毫无疑问，这些理想主义者不想拥有财富，因为他们对财富没有欲望。然而，一个运转良好的社会似乎应该向这些人提供高效工作所需的物质条件，使这些人在生活中不必再为物质生活分心，让他们可以心无旁骛地投入到科学研究中。

第 4 章
美国之行

众所周知,我愉快的美国之行得益于一位美国妇女梅隆尼夫人的慷慨倡议,她是一本重要杂志《描绘者》的编辑。她策划由她的同胞们送给我一克镭作为礼物,并在几个月内成功地实施了这个计划,并请我亲自过去接受这份礼物。

当时的想法是礼物完全来自美国妇女。一个由几位杰出女性和杰出科学家组成的委员会收到了一些重要的捐款,并呼吁公众捐款,许多妇女组织,特别是大学和社团,对此做出了回应。许多捐款来自那些接受过放射治疗的人。通过这种方式,"玛丽·居里镭基金"募集资金超过 10 万美元,用于购买1克镭。美国总统哈丁欣然同意在白宫举行的赠送仪式上送出这份礼物。

委员会在5月份邀请我和我的女儿们去美国,尽管这对我来说不是在假期中,我还是在巴黎大学的同意下接受了邀请。

赴美的整个旅行我全然不用操心。梅隆尼夫人及时赶到法国,出席了4月28日由《万事通》杂志组织的支持巴黎镭研究院的活动。5月4日,我们在瑟堡搭乘"奥林匹克"号轮船前往纽约。

委员会为我准备的旅行计划非常丰富。我不仅要出席在白宫举行的仪式,而且还将访问几个城镇的许多大学和学院。其中一些机构已经为基金捐款,这些学校都希望给予我荣誉。另外,广阔的国土使美国人养成了长途旅行的习惯。但是在所有的旅途中,我受到了最好的保护,以便尽可能地减轻旅途和接待中不可避免的劳累。我在美国不仅受到了慷慨的接待,还交到了真正的朋友,他们的友善和诚挚让我感激不尽。

我们欣赏了纽约海港的壮丽景色,受到了学生团体、女童子军和波兰人代表的热烈欢迎，还收到了许多鲜花，最后，我们在城里一套安静的公寓住下。第二天，我在卡内基夫人举办的午餐会上结识了接待委员会的成员，这个午餐会在她美丽的家中举行，这里处处满是对她丈夫安德鲁·卡内基的回忆，安德鲁·卡内基的慈善事业在法国是众所周知的。第三天，我们开始了对史密斯学院和瓦萨学院的几天访问，它们距离纽约只有几个小时的车程。后来，我还参观了布林·莫尔和韦尔斯利等学院，路上还参观了其他一些大学。

这些女子学院或女子大学体现了美国生活和文化的特色。我短暂的访问不足以使我就教育问题发表权威性意见，但即使是通过我这样的访问，也可以注意到法国和美国对女性教育的观念存在重大差异，其中一些差异对法国不利。有两点特别引起了我的注意：一是美国人重视学生的健康和体育锻炼，二是美国学生在个性发展和独立自主方面有着充分的自由。

这些高校在建设和运作方面都很出色。在空旷的草地上，有几座建筑物掩映在树丛中，史密斯学院修建在迷人的河岸边。学校设施齐备，非常干净舒适，设有卫生间、淋浴室，都有冷热水供应。学生们有宜人的私人房间和公共聚会室。每所大学都设有非常完整的体育课程。学校还设有体育馆，学生们可以打网球和棒球，以及参加皮划艇、游泳和骑马等项目。同时有医疗顾问随时关注她们的健康。美国孩子的母亲们似乎常常认为，像纽约这样的城市氛围不利于年轻女孩的成长，在乡下户外生活更有利于健康，其安静的环境也更适合于学习。

在每所大学里，年轻女孩组建一个协会，并选举产生一个负责制定学校内部规章制度的委员会。学生们表现出极大的活力：她们积极上课；发表论文；致力于歌曲和音乐，以及剧本的创作，并在校园内外演出。这些剧本的主题和表演令我很感兴趣。学生的社会条件也不同。她们中的许多人出身富裕家庭，但也有许多人靠奖学金生活。少数学生是外国人，我们遇到了一些法国学生，她们对大学生活和学习非常满意。

每所大学都是四年学制，时常还会考试。一些学生后来从事个人研究工作，并获得博士学位，这和法国的博士学位的含义不完全一样。这些学院都拥有实验室，有很好的实验设备。

这些年轻女孩充满活力的生活给我留下了深刻的印象，在我的访问中，我能感受到她们的这种热情洋溢。如果招待会的仪式是以近乎军事化的程序进行的话，那么在学生们谱写的欢迎歌曲中、在她们兴奋的微笑脸庞上，当她们在草坪上奔跑着迎接我的到来时，青春和快乐就自然流露出来。这些情景确实令我难以忘怀。

回到纽约，在我前往华盛顿之前，有几个招待会等着我。化学家的午餐会、自然历史博物馆和矿物学社团的招待会、社会科学研究院的晚宴和卡内基大厅有女子学院和大学师生代表团参加的盛大会议。在所有这些招待会上，我都受到杰出人士的热烈欢迎，另外我收到了真诚授予我的非常珍贵的荣誉头衔。国家民族之间友谊的话题也被提及；副总统柯立芝（Coolidge）的讲话是对法国和波兰人民过去帮助年轻的美国的高度认可，也是对经历了过去几年的暴风雨后更加坚定的友情宣言。

5月20日,在白宫举行的隆重仪式是在一种知识分子和社会各方人士汇聚一堂的友好氛围中进行的。这是一个简单却令人深受感动的仪式,可谓是一个民主集会,包括哈丁总统和夫人、内阁官员、最高法院法官、陆军和海军高级官员、外国外交官、妇女学会和社团的代表,以及华盛顿和其他城市的杰出公民。仪式包括法国大使M.贾瑟兰(Jusserand)先生的简短致辞,梅隆尼夫人代表美国妇女的演讲,哈丁总统的讲话,我的致谢,客人们列队合影留念。所有这一切都发生在5月的那个美丽的下午,在开阔的绿色草坪的映衬下,以庄严的白宫为背景。在这次招待会上,一个国家的领袖向我致以敬意,也代表了美国人民的认可,给我留下了永生难忘的记忆。

总统的讲话和副总统柯立芝的讲话一样,表达了对法国和波兰的赞赏。这一讲话也表达了美国人民的感情,这一点从赠送礼物时的格外庄重也得到体现。

如果说镭的发现在美国引起了如此多的共鸣，那不仅是因为它的科学价值和医学应用的重要性，还因为镭的发现没有给发现者带来物质利益而是毫无保留地给予了人类。我们的美国朋友希望对法国科学界表现出的这种精神进行礼赞。

镭本身没有被带到仪式上。总统送给我的是礼物的象征——一把小小的金钥匙，用来打开为运送镭而设计的小箱子。

主要仪式结束后，我们在华盛顿的行程包括在法国大使馆和波兰使馆受到非常友好的接待，在国家博物馆参加招待会，并参观了一些实验室。

我们从华盛顿出发的行程包括访问费城、匹兹堡、芝加哥、布法罗、波士顿和纽黑文，游览大峡谷和尼亚加拉大瀑布。在那次旅行中，我到访了几所大学，并有幸接受这些大学授予的荣誉学位。为此我要感谢宾夕法尼亚大学、匹兹堡大学、芝加哥大学、西北大学、哥伦比亚大学、耶鲁大学、宾夕法尼亚女子医学院、史密斯学院和韦尔斯利学院，同时我也要感谢哈佛大学的接待。

美国大学荣誉学位的颁发通常需要举行庄严的仪式，原则上，候选人必须出席，并且在年度毕业典礼上进行，但在某些情况下，他们为我进行了特殊安排。美国的大学典礼比法国更为频繁，在大学生活中发挥着更为重要的作用。尤其是一年一度的毕业典礼，首先是在大学校园里举行游行，游行队伍包括官员、教授和戴着学位帽、穿着学位服的毕业生。随后，所有人聚集在一个大厅里，宣布相应的学士、硕士和博士学位。仪式中总有音乐部分，演讲由大学官员或受邀演讲者发表。这些演讲通常是出于强调教育的理想和人道主义为目的，但在某些情况下，又充满了一些美国式幽默。总的来说，这些仪式令人印象深刻，当然也有助于保持大学和校友之间的联系。这对于完全依靠私人基金会维持的美国大学来说是有利的。直到最近，大多数州才设立了由国家支持的大学。

在耶鲁大学，我有幸代表巴黎大学出席耶鲁大学第十四任校长安吉尔校长的就职典礼。我还很高兴在费城参加了美国哲学学会的会议和内科医生学会的会议，并在芝加哥参加了美国化学学会的会议，会上我发表了关于发现镭的演讲。这些协会向我颁发了约翰·斯科特、本杰明·富兰克林和威拉德·吉布斯勋章。

美国妇女组织为我举办的几次会议引起了美国公众的特别兴趣。我已经提到了在纽约卡内基大厅举行的大学妇女会议，在芝加哥也举行了类似的会议，波兰妇女协会接待了我。我还受到了匹兹堡卡内基研究所妇女组织和布法罗加拿大大学妇女代表团的欢迎。在所有这些会议中，我不可能体会不到那些妇女给我的最美好祝愿、同时对未来女性学术和活动充满信心的真诚情感。我没有感觉到这些女权主义者的愿望和男性观点之间有任何对立。就我所知，美国的男人们赞同并鼓励这些愿望。这对于美国妇女的社会活动来说是一个非常有利的条件，因为她们对教育、卫生和改善劳动条件的工作有着强烈的兴趣。但是，任何其他公益活动都可能依赖于她们的支持，正如梅隆尼夫人计划的成功所证明的那样，这个计划得到了社会各阶层妇女的支持。

令我深感遗憾的是，我没有足够的时间参观实验室和科研机构。这些过于短暂的参观对我来说非常有意义。我发现到处都非常关心科学活动的开展和科学设施的改善。新的实验室正在建设中，而在旧的实验室中可以找到非常现代化的设备。也没有出现那种我们在法国经常遭受的科研场所不充足的情况。这些资源来自私人提供的各种捐款和基金会。还有一个由私人基金建立的国家研究委员会，以促进和改进科学工作，并确保其与工业的联系。

我特别感兴趣地拜访了标准局，这是华盛顿一个非常重要的国家机构，负责科学测量和与之相关的研究。送给我的镭管就放在标准局里，局里的官员好心帮着测量，还负责包装和运送到船上。

华盛顿建立了一个新的实验室，利用液态氢和液态氦进行超低温研究。我有幸为这个实验室揭幕。

我很高兴在他们的实验室见到了几位非常重要的美国科学家。我在他们的陪伴下度过了我旅行中最美好的时光。

美国有几家放射治疗医院。这些医院一般都设有提取镭射气的实验室，这些镭射气被密封在管子中以备医用。这些机构拥有相当数量的镭，有很好的设备，治疗了大量的病人。我参观了其中的一些机构，这使我更深感遗憾，在法国甚至没有一个国家机构能够提供同样的服务。我希望在不久的将来法国能够填补这个空缺。

镭工业是在法国开始的，但是在美国却得到了最大的发展，这是由于美国有足够的矾钾铀矿供应。[1]我对参观最重要的几家工厂很感兴趣，我很欣慰地看到这项事业中的首创精神。这家工厂保存着一系列纪录片，使人们能够体会到其中所经历的奋斗历程，包括每天要收集散布在科罗拉多州广阔田野中的矿石，运送这些矿石，并对这些原本含镭量极低的矿石进行浓缩。另外，镭的提取方法仍然与前面章节中描述的相同。

我在参观镭工厂和镭实验室时受到了很高的礼遇。我在一家新钍工厂同样受到欢迎，该厂送给我一些材料，工厂领导表达了想要为我的科研工作提供帮助的意愿。

要使这次旅行的印象更加完整，就必须谈谈这个国家的自然风光。在这个问题上，我很难用几句话描述我所看到的自然美景的广阔和多样性。总的印象是未来有无限的可能性。我对尼亚加拉大瀑布和大峡谷的壮丽景色记忆犹新。

6月28日，我在纽约登上了一个多月前把我带到美国的那艘船。在美国只经历了这么短的时间，我不会冒昧地对美国和美国人发表意见。我只想说，我和我的女儿们被随处所受到的热情款待深深打动了。一方面，我们的东道主想让我们感到宾至如归；另一方面，他们中的许多人称，当他们在法国时也感受到非常友好的氛围。我带着对美国妇女大礼的感激之情和对美国的深厚感情回到法国，两国因共同的愿望而紧密相连，我们都对人类和平的未来充满信心。

附 注

[1]最近，由于在比属刚果发现了铀矿，在安弗斯特附近新创办了一个大型镭工业。

第二部分
皮埃尔·居里传

自　序

着手写皮埃尔·居里的传记这件事一开始我还是有些犹豫的。我宁愿把这项任务交给他某个亲戚或幼年时的某个玩伴，这些人曾亲密伴随他的一生，对他早年和婚后的情况都同样了解。皮埃尔的哥哥、他年轻时的同伴雅克·居里（Jacques Curie）与他之间关系密切，感情深厚。但是雅克·居里被任命到蒙彼利埃大学之后，他就与皮埃尔相距遥远了，因此他坚持由我来写传记，认为没有人比我更了解和懂得他弟弟的生活。他将所有的个人记忆都告诉了我，对于这些宝贵的素材我都悉数用在了传记中。另外，我还加入了我丈夫和他的一些朋友向我讲述的有关内容。我尽我所能重现了他人生中我并未直接参与的部分。我还忠实地描述了在我们共同生活期间他的个性给我留下的深刻印象。

当然,这部传记既不完整,也不完美。不过,我希望它所描绘的皮埃尔·居里的形象没有失真,并永刻在我们的记忆里。同时,我也希望此书能够重新唤起那些认识他并喜欢他的人对他的回忆和爱戴。

玛丽·居里

第 5 章

居里家族

皮埃尔·居里的父母受过良好教育,是并不富裕的小资产阶级。他们不常出入上流社会,只和一些亲戚以及为数不多的好友来往。

皮埃尔的爷爷和父亲尤金·居里(Eugène Curie)都是医生。皮埃尔对自己的姓氏了解甚少,对原籍阿尔萨斯并且是新教徒的居里家族也不甚了解(尤金·居里1827年出生在米卢斯)。虽然其父在伦敦定居,但尤金是在巴黎长大,在那里他学习了自然科学和医学,并在博物馆的实验室里担任格拉提奥利特的制备员。

尤金·居里医生非凡的个性给所有接近他的人留下了深刻的印象。他身材高大，年轻时应是金发碧眼，眼睛清澈明亮，即使到了老年双眼仍然炯炯有神，保持着孩子般的纯真，透露出善良和智慧。他确实智力超群，在自然科学方面非常有天赋，颇具学者风范。

虽然居里医生最初希望把自己的一生都献给科学工作，但结婚后的家庭责任和两个儿子的出生迫使他放弃了这一愿望。为生活所迫，他不得不选择从医。然而，他仍然在经济能力允许的范围内继续进行实验研究，特别对结核病预防接种的研究，当时结核病的致病细菌尚未明确。他的科学爱好使他养成了远足寻找实验所需动植物的习惯，这种习惯以及他对大自然的热爱使他非常偏好乡村生活。直到生命的尽头，他一直保持着对科学的热爱，毋庸置疑，他也为自己未能全身心投入科学而感到遗憾。

虽然医生的收入始终微薄，但他在行医过程中表现出了无私奉献的非凡品质。1848年欧洲革命期间，他还是一名学生，共和国政府授予他一枚奖章,以表彰他在救助伤员时"光荣而勇敢的行为"。2月24日,他自己也负了伤,被子弹击碎了部分颌骨。不久后,在霍乱流行期间,为了照顾病人,他在巴黎一个所有医生都不愿去的地方安顿下来。在巴黎公社期间,他在自己的公寓内建了一所医院,附近设有一个路障,他就在那里照顾伤员。他的公民责任心及激进的信念使他失去了部分中产阶级顾客。这时他接受了儿童保护组织的医学检查员的职位。但这个职位使他能够住在巴黎郊区,与城里相比,郊区更有利于他和家人的健康。

居里医生有非常明确的政治信念。作为一个理想主义者,他满怀热情地接受了启迪1848年革命者们所倡导的共和主义。他与亨利·布里森(Henri Brisson)和他的团队成员建立了友谊。像他们一样,作为一个自由的思想家和一个反教会者,他没有给他的儿子们洗礼,也没有让他们信奉任何形式的宗教。

皮埃尔的母亲克莱尔·德普利(Claire Depouilly)是巴黎附近普托市一家著名制造商的女儿。她的父亲和兄弟们因发明多种染料和特殊织品而闻名。他母亲所在的萨伏伊家族陷入1848年革命造成的商业灾难，继而破产。

这些命运的逆转，再加上居里医生在他的职业生涯中经历的种种困难，意味着他和家人总是生活艰难，且新的困难不断出现。尽管皮埃尔的母亲是在安逸的生活环境中长大，但她平静而勇敢地接受了这种风雨飘摇的生活状态，并以高度奉献精神，通过自身的努力使丈夫和孩子过得好一点。

尽管雅克和皮埃尔小时候成长的环境算不上富裕，也并非无忧无虑，但这个家庭一直充满着温馨和睦的气氛。皮埃尔·居里第一次和我谈到他的父母时，说他们"温文尔雅"。事实上，他们确实如此。父亲有点专断——总是头脑清醒、行为敏捷。他有一种罕见的无私，既不愿意也不知道如何利用私人关系来改善自己的状况。他对妻儿充满温情，随时准备帮助所有需要的人。母亲身材瘦小，性格活泼开朗，尽管因生育两个儿子而使自己的健康受到影响，但在这个简朴的家里，她总是快乐而忙碌，懂得如何将小家收拾得温馨而舒适。

当我最早认识他们的时候，他们住在索镇的萨布隆街（今天的皮埃尔·居里街）一座古老建筑的小房子里，半掩在一座美丽花园的青翠之中。他们的生活很平静。居里医生去需要他的地方行医，要么在索镇，要么就在邻近的街区。除此之外，他还忙于照料花园或阅读。附近的亲戚和邻居会在星期天来拜访，保龄球和象棋是最受欢迎的娱乐。亨利·布里森也不时来这个宁静的居所与老友相聚，安宁的氛围笼罩着花园和住宅，也陶冶着住在里面的人。

皮埃尔·居里于1859年5月15日出生于居维叶街贾丁植物园对面的一所房子里，他的父母当时就居于此处，父亲当时在博物馆实验室里就职。他是居里医生的二儿子，比他的哥哥雅克小3岁半。他对后来在巴黎度过的童年几乎没有什么特别的记忆，但他确实和我讲述过在公社的日子、他家附近的街垒战斗、他父亲建立的诊所以及和他哥哥一起冒险寻找伤员，所有这些都在他的脑海里记忆犹新。

1883 年，皮埃尔和他的父母从首都搬到了巴黎的郊区，先是从 1883 年到 1892 年居住在丰特奈-欧罗斯玫瑰县，然后从 1892 年到 1895 年（我们的结婚之年）居住在索镇。

皮埃尔的童年完全是在家庭圈子里度过的，他从来没有上过小学，也没有上过中学。他最早的教育来自他的母亲，然后由他的父亲和哥哥继续，他的哥哥自己也从来没有完整地接受过学校的中学课程教育。皮埃尔的智力能力不属于那种可以迅速接受规定好的学习课程的类型。他的梦想家精神不会屈从于学校强加的学习安排。他在上学校课时的表现不佳，从而让人觉得他反应缓慢，思维迟钝。他也认为自己脑子笨，并且常常这样说。然而，我认为这种说法并不完全合理。更确切地说，在我看来，从童年时起，他就会把思想高度集中在一个确定的目标上，以便得到一个精确的结果，而且不可能打断或改变他的思考过程，以适应外部环境。很显然，这种头脑本身就蕴含着未来巨大的潜力。但同样显而易见的是，公立学校并没有为这类智力超常的群体提供专门的教育制度保障，然而，智力超常的人数要比我们最初认识的要多。

正如我们所看到的那样，皮埃尔不可能成为学校里的优秀生，不过幸运的是，他的父母有足够敏锐的智慧来理解他的困难，他们没有要求儿子去做不利于他发展的努力。因此，皮埃尔早期所受的教育是不规律的和不完整的，它的优点就是没有使他的才智受到压制，没有因各种教条、偏见或先入为主的观念而出现扭曲。他总是因这种开明的教育态度而感激他的父母。他在自由的环境中长大，在去乡下远足为父亲采集动植物的过程中，发展出他对自然科学的爱好。正是这些他独自或与家人一起到乡下的远足经历，唤起了他对大自然的热爱，这种热爱一直持续到他生命的尽头。

由于城市生活的诸多人造环境以及传统教育的影响，很少有孩子能深入了解自然，而与大自然的亲密接触，对皮埃尔的个人发展产生了决定性的影响。在父亲的指导下，他学会了观察事物并正确地解释它们。他熟悉巴黎周围的动植物。他知道在一年中的不同季节，在森林、田野、溪流和池塘里都能找到什么动物和植物。尤其是池塘总是对他有着源源不断的吸引力，皆因其中特有的植被和种群——青蛙、蝾螈、蜻蜓及其他两栖动物。对他来说，为找到感兴趣的动植物，付出再多努力他都愿意。不管是什么动物，他都会毫不迟疑地放在手中，以便近距离地观察它。婚后我们一起散步时，他也想把一只青蛙放到我手里，如果我不愿意，他会大声说："别这样，看它多漂亮啊！"他也总是喜欢散步时采一束野花带回家。

这样，他对自然史知识掌握得很快。同时，他也在学习数学的基本知识。然而，他一直不重视文史课程的学习，主要是通过平常泛泛的阅读来获得这方面的知识。他父亲学识渊博，书房里藏有许多本国和外国作家的作品。他父亲自己对阅读有着强烈的爱好，因此也能够感染到儿子。

当皮埃尔大约14岁时，他学习生涯中喜事降临：他有幸拜 A. 巴齐耶（Bazille）为师，巴齐耶是一位杰出的教授，主要教皮埃尔初等和高等数学。这位老师非常欣赏他年轻的学生，爱徒心切，对他的关怀指导无微不至。这位老师甚至帮助他在比较欠缺的拉丁文学习方面也取得了进步。与此同时，皮埃尔和教授的儿子阿尔伯特·巴齐耶（Albert Bazille）成了朋友。

我相信，来自巴齐耶教授的教导对皮埃尔的思想有很大影响，帮助他深度发掘自己的天赋才华，并意识到自己的科学才能。他在数学方面有非凡才能，这主要表现在他特有的几何学精神和超强的空间想象能力上。因此，皮埃尔在巴齐耶教授的指导下，学习过程充满乐趣，学业取得了长足进步。他总是对这位老师满怀感激之情。

皮埃尔曾经告诉我一件事，证明即使在这个时候，他也不满足于仅仅遵循一个固定的学习计划，而是已经开始着手进行个人研究。在刚刚掌握的行列式理论的强烈吸引下，他着手提出一个类似的概念（但是在三维空间），并努力发现这些"立方行列式"的性质和用途。不用说，在他那个年纪，就他所掌握的知识，这样的研究是他力所不能及的。但是，这种尝试仍然表明了他那正在觉醒的创新精神。

几年后，当他全神贯注地思考对称性时，他问了自己一个问题："难道不能找到一种求解任何方程的普遍方法吗？一切事物都是对称性问题。"他当时并不知道伽罗瓦（Galois）的群论，而群论使得解决这个问题成为可能。但他后来很高兴地了解到群论在解决五次方程难题上的几何应用及取得的成果。

由于他在数学和物理方面的迅速进步，皮埃尔·居里在16岁时被授予理学学士。至此他顺利度过了最困难的正规教育阶段。未来他唯一需要关心的事情，就是在一个自由选择的科学领域内，通过个人独立的努力获取知识。

第 6 章
青春梦想

皮埃尔·居里年纪不大就进入大学学习，开始为取得物理学士学位做准备。他参加了巴黎大学的讲座和实验室工作，此外，他还在药学院勒鲁（Leroux）教授的实验室里协助准备物理课程。与此同时，他在与哥哥雅克一起工作的过程中，进一步熟悉了实验室方法。雅克当时是里奇（Riche）和荣弗莱施（Jungfleisch）手下的化学课教辅人员。

皮埃尔 18 岁时获得了物理硕士学位。在他学习的过程中，他引起了大学实验室主任德山（Desains）和同一实验室主任助理穆顿（Mouton）的注意。多亏了他们的赞识，他在 19 岁的时候就被任命为德山的实验室制备员,并负责学生们的物理实验工作。他在这个岗位做了5年,也就是在这段时间里,他开始了他的实验研究。

遗憾的是,由于经济状况,皮埃尔在19岁的时候就不得不接受实验室制备员的职位,而不能全力以赴地再多花两三年用于大学学习。由于他的时间被他的职责和研究所占用,他不得不放弃去听高等数学的讲座,因此也没能再通过进一步的考试。然而,作为补偿,按照当时给予在公立学校系统任教的年轻人的特权,他可以免服兵役。

这时,他已是一个身材修长的年轻人,有着栗色的头发,表情腼腆而矜持。同时,他那年轻的面孔也反映出他深刻的内心世界。人们对他的印象就像在居里医生一家的合影里看到的那样,他用手支着脑袋,陷入凝思,人们不禁被他那双清澈的大眼睛而打动,透过那双眼睛似乎能读出他的内心活动。站在旁边的褐色头发的哥哥和他则形成鲜明对比,生动活泼的眼神和整个面容透露出坚定。

兄弟俩相亲相爱,像好伙伴一样生活在一起,习惯于在实验室里一起工作，在空闲时间一起散步。他们还与一些儿时的朋友保持着亲密关系：他们的堂兄路易斯·戴普利（Louis Depouilly），后来成了一名医生；路易斯·沃蒂尔（Louis Vauthier），后来也成了一名医生；阿尔伯特·巴齐耶，后来成了邮电局的工程师。

皮埃尔过去常告诉我他在塞纳河畔的德拉威尔度假时的生动回忆，当时他和哥哥雅克常在河边散步，愉快地在河里游泳和玩跳水游戏。兄弟俩都很擅长游泳。有时他们徒步旅行一整天。他们从小就养成了徒步游览巴黎郊区的习惯。皮埃尔有时也独自远足，这很适合他那种爱沉思的心境。这种时候，他完全没有了时间观念，可以说达到了体力的极限。沉浸在对身边事物的沉思冥想中，他没有意识到物质世界中的困难。

他在1879年写的日记[1]中这样描述了乡下生活对他的有益影响：

> 噢，我在那里度过了多么美好的独处时光，

远离了巴黎无数让我苦恼的烦琐事务。不，我不后悔我在树林里度过的夜晚和那些独处的日子。如果有时间，我会让自己重新整理当时所有的思绪。我还想描述一下我那芬芳的山谷，到处是植物的馨香气息，美丽的枝叶清新而温润，掩映着有着啤酒花柱的比耶夫尔宫殿。还有石头小山，被石南花染成红色，也是很好的去处。噢，每每想到米尼埃尔森林我都会心怀感激；在我所看到的所有森林中，我最爱的就是这一片，也是带给我最多快乐的地方。我常常会在晚上出去，再次登上这个山谷，而回来时，脑子里就有了20个想法。

因此，对皮埃尔·居里来说，他在乡下所体验到的幸福感源于他能够静静地思考。在巴黎的日常生活中有无数的干扰，不允许他不受干扰地集中注意力，这对他来说是一个忧虑和痛苦的原因。他觉得自己注定要进行科学研究，对他来说，有必要加紧去深入理解自然现象，从而形成一个能够解释自然现象的令人满意的理论。但是，当他试图集中精力思考某个问题时，他常常会因为各种各样的琐事而打断思路，转移注意力，这使他感到沮丧。

在一篇以"千篇一律的日子"为标题的日记中，他列举了一些琐碎的小事，这些事情完全占据了他一天的时间，根本没有时间去做有意义的工作。随后他得出结论："我的一天就是这样度过的，什么也没有完成。为什么？"此外，他还借用维克多·雨果（Victor Hugo）的《国王的娱乐》（Le Roi S'amuse）一书中的一句话作为标题重新谈到了这一问题：

琐屑之事亦能蒙蔽热衷思考的灵魂

> 我是个不够坚定的人，为了不让我的头脑随风而动，屈服于拂过的微风，就有必要让我周围的一切都静止不动，或者，我化身旋转的陀螺，靠着自身的转动使我不再受制于外部事物的干扰。
>
> 当我慢慢集中自己的注意力，并努力专注

于思绪的时候，一件琐事、一句话、一个故事、一篇论文、一次拜访，都会打断我，并没完没了地耽搁下去，而这时，如果我足够灵巧，就可以不理会周围的环境，专注于自己要做的事……我们必须要吃喝、睡觉、休闲、恋爱，触摸生活中最甜美的事物，但又不要受它们的牵绊。在做这一切的时候，必须要保证自己所专注的高层次思考仍占据主导，在我们可怜的头脑中继续保持思路不受干扰。必须要把生活过成梦，把梦变成现实。

这种敏锐的分析，对于一个20岁的年轻人来说，很是惊人，它以令人钦佩的方式提出了使智力得以最大限度发挥所必需的条件。这给我们上了一课，如果我们能真正理解其深意，必将有助于所有那些善于思考的人更好地专注于自己的研究，而这些人能够为人类的发展开辟新的道路。

皮埃尔·居里所追求的思想集中，不仅受到职业和社会责任的困扰，而且受到他自身爱好的干扰，即他广泛的文学和艺术文化的爱好。像父亲一样，他热爱阅读，不怕读一些艰深的文学著作。对于他人就这方面提出的一些批评，他会说："我不讨厌艰涩的书。"这意味着他会着迷于一些真理探索方面的书，而这类书籍有时在写作上会稍显枯燥。他也喜欢绘画和音乐，很乐意去看画展或去听音乐会。在他的论文中夹杂有一些自己手写的诗句片段。

但是，在他的头脑中，所有这些爱好都要服从于他所认定的真正任务，而且，当他不能充分展开科学想象力时，从某种意义上说，他觉得自己不是一个完整的人。他描述这种忧虑时所流露的情感，体现出他时不时陷入抑郁时所经受的那种痛苦。他写道：

> 我该怎么办？我总是无法控制自己，有一部分的我总是在沉睡。我可怜的灵魂，难道你如此虚弱以至于无法控制我的身体吗？噢，我的思想，你实在是无足轻重！我本应笃信，我的想象力足够强大，能把我从烦琐的日常中抽

离出来，但我非常担心我的想象力已枯竭。

但是，尽管在过程中不时有踌躇、疑虑和迷失，这个年轻人还是慢慢摸索出了自己的道路，坚定了自己的意志。在许多后来成为学者的人还只是个学生的年纪，他已经毅然在做富有成效的研究了。

他的第一项研究工作是与德山合作完成的，利用一个热电元件和一个金属丝光栅来测定热波的长度，当时这还是一个全新的方法，此后经常被用于这一问题的研究。

在这之后，他与哥哥合作对晶体进行研究。此时，他的哥哥已经获得了学士学位，是巴黎大学矿物学实验室弗里德尔（Friedel）手下的制备员。他们所做的实验使这两位年轻的物理学家取得了巨大的成功：发现了当时不为人知的压电现象，这种现象包含晶体在对称轴方向上的压缩或膨胀产生的电极化。这绝不是偶然的发现，这是对晶体物质对称性大量思考的结果，才使兄弟俩能够预见这种极化的可能性。研究的第一部分是在弗里德尔的实验室进行的。两位年轻人凭借他们这个年龄罕见的实验技能，成功地对这种新现象进行了全面的研究，建立了在晶体中产生这种现象所需的对称性条件，并阐明了它非常简单的定量定律，以及针对某些晶体的绝对量级。其他国家的几位著名科学家（伦琴、昆特、沃伊特、里克）沿着雅克·居里和皮埃尔·居里开辟的这条新道路开展了进一步的研究。

这项工作的第二部分，也是实验上更难实现的，是关于压电晶体在电场作用下产生的压缩。李普曼（Lippmann）预见到的这种现象，居里兄弟进行了证实。实验的困难在于必须观察到微小程度的变形。幸运的是，德山和穆顿在物理实验室旁边安置了一个小房间，供兄弟俩使用，这样他们就可以顺利进行微妙的实验操作。

通过这些研究，不管是理论上的还是实验操作上的，他们立即推导出一种实际应用，即一种新的仪器——压电石英静电计，它可以绝对地测量少量的电量和低强度的电流。从那时起，这种仪器在放射性实验中发挥了巨大作用。[2]

在进行压电实验的过程中，居里兄弟使用电测仪器。由于无法使用当时已知的象限静电计，他们开发了一种新型的静电计，更好地满足了他们的需要。这种新仪器在法国被称为居里静电计。因此，事实证明，两兄弟这些年来的亲密合作是快乐而富有成果的。他们对科学的投入和共同兴趣于他们既是激励也是支撑。在他们的工作中，雅克的生机勃勃和精力充沛对皮埃尔是宝贵的帮助，后者总是轻易陷入自身的沉思之中。

然而，这种美好而密切的合作只持续了几年。1883年，皮埃尔和雅克被迫分开，雅克前往蒙彼利埃大学担任矿物学首席讲师。皮埃尔被任命为工业物理和化学学院实验室主任，该实验室是在弗里德尔和舒岑伯格（Schützenberger）的建议下由巴黎市政府成立的，舒岑伯格成为第一任主任。居里兄弟就晶体所进行的卓越研究在1895年——确实很晚——为他们赢得了普兰特奖。

附 注

［1］皮埃尔·居里没有留下一本名副其实的日记，只是偶然地留下了几页，记录了他生命中的一小段时间。

［2］石英的压电特性最近有了一个重要的应用，它被P. 朗之万（P.Langevin）用于产生高频（超声）弹性波，在水中发出以探测水下障碍物。同样的方法可以用于更一般的海洋深度探测。在这里，我们再一次看到，纯粹的猜测是如何导致发现的，而这些发现以后会在不可预见的方向上发挥作用。

第 7 章
担任实验室主任

正是在物理学院(设在罗兰学院的旧楼里),皮埃尔·居里工作了22年,先是担任实验室主任,然后担任教授,几乎跨越了他整个科学生涯。他的所有记忆似乎都与这些旧建筑(如今已拆除)紧密相连,他白天都是在这些旧楼里度过,直到晚上才回到乡下的父母身边。他自认为很幸运,因为他受到了实验室创始人兼主任舒岑伯格的青睐,也受到了学生的尊敬和爱戴,其中许多学生成了他的追随者和朋友。他生前在索邦一次演讲的结尾,是这样描述这段经历的:

我想在这里回顾一下我们在巴黎物理和化学学院做的所有研究工作。在所有创造性的科学工作中，工作环境的影响是非常重要的，研究成果部分归功于这种影响。我在物理和化学学院工作了二十多年。该学院的第一任院长舒岑伯格是一位杰出的科学家。我怀着感激之情记起，当我还只是一名教学助理时，他为我争取到了开展研究的机会。后来，他允许我的夫人和我一起工作，这在当时可谓是非一般的优待。舒岑伯格容许我们享有充分的自由，他对科学的热爱极大地鼓舞和影响着大家。物理和化学学院的教授们，以及从这里走出去的学生们，营造了一种友好和振奋人心的氛围，这对我帮助很大。正是从这所学校的校友群体中，我们找到了合作者和朋友。我很高兴能在这里对他们致以谢意。

皮埃尔·居里作为实验室主任刚上任时，并不比他的学生大多少。学生们爱戴他，因为他朴实的作风，与其说是一位老师，不如说更像是一位同伴。一些学生动情地回忆起与他一起工作时的情景，他在黑板前和大家一起讨论，随时准备好参与有关科学问题的辩论，以使学生们增长知识，激发他们的热情。在1903年学校校友会举办的晚宴上，他笑着回忆起当时的一件事：一天，他和几位学生在实验室逗留到很晚，后来发现门被锁了，他们只得排成一队从二楼沿着窗户旁边的一个管道滑下去。

因为他的矜持和腼腆，他不容易结交朋友，但那些因工作而接近他的人都会因为他的友善而爱戴他。在他的一生中，对他的下属来说都是如此。在学校时，他在艰难的境遇下帮助过他的实验室助手，每每想到他，助手都怀着极大的感激甚至是一种崇拜之情。

虽然他和哥哥分开了，但他们之前的亲密关系使他们仍然保持联系。假期期间，雅克·居里会来找他，他们可能会继续之前的宝贵合作，并且双方都愿意为之牺牲自己的自由时间。有时是皮埃尔去找雅克，当时雅克正忙于绘制奥弗涅地区的地质图，为了完成地图的绘制，他们每日结伴去实地勘测。

以下是我们结婚前不久他写给我的一封信中有关这些长途跋涉的一些回忆：

> 我很高兴能和我哥哥共度那一段时光。我们当时的生活状态远离生活琐事，有点与世隔绝，有时甚至连信件都无法收到，每天入睡时都不确定第二天会睡在哪里。有时我觉得好像回到了我们生活在一起的那些日子。那时我们总是对所有事情都能达成相同的看法，结果是我们不需要通过语言就能相互理解。但是我们又是完全不同的性格，这更是令人惊讶。

从科学研究的角度来看，我们必须认识到，皮埃尔·居里被任命为物理和化学学院实验室主任，从一开始就阻碍了他的实验研究。事实上，在他被任命时，实验室里什么都没有，一切都必须从头配备，甚至连墙壁和隔断都还没有安装好。因此，他必须整体对实验室及实验室的工作进行筹备和规划。

他以一种非凡的方式出色完成了这项任务，在其中表现出他所特有的精确性和独创性的精神品格。

对一个年轻人来说，指导大量学生（每级30人）的实验室工作是一种压力，而且辅助他的只有一个实验室助手。因此，最初几年的非常艰苦的工作，受益的主要是学生，他们在年轻实验室主任的培养下得以发展。

他也试图通过完成自己的科学学习，特别是数学知识的学习，在被迫中断实验研究的这段时间中有所收获。同时，他开始全神贯注地思考晶体学和物理学之间关系的理论性质。

1884年，他发表了一篇关于有序和重复问题的专题学术论文，有序和重复问题是研究晶体对称性的基础。同年，他对同一主题进行了更为普遍性的研究。1885年他发表了另一篇关于对称及其重复的文章。同年，他还发表了一篇关于晶体形成和不同晶面表面张力常数的非常重要的理论性论文[1]。

这一连串研究成果的相继发表表明，当时皮埃尔·居里对晶体物理的研究非常专注。他在这一领域的理论和实验研究都围绕着一个非常普遍的原则，即对称性原则。他是一步一步提出这个原则的，直到 1893 年至 1895 年在他发表的专题论文中才对此进行了明确阐述。

以下是他阐述这一原则的方式，已然成为经典。

> 当某些原因产生某些效果时，原因中的对称元素应该重现于所产生的效果中。
>
> 当某些效果显示出某种不对称时，这种不对称应该出现在使之产生的原因中。
>
> 这两种说法反过来并不成立，至少在实际中是不成立的；也就是说，所产生的效果可能比其原因更为对称。

这一简洁的论述最为重要之处在于，它所引入的对称元素无一例外地与所有物理现象相关。

皮埃尔·居里在对自然界中可能存在的对称群进行详尽研究的前提下，指出应该如何应用这种集几何学和物理学特性于一身的发现，去预测一个特定的现象是否能够自我复制，或者在给定的条件下是否不可复制。在一篇专题学术论文的开头，他坚称："我认为有必要将晶体学家熟悉的对称性概念引入物理学。"

他在这一领域的研究工作是重要的，尽管后来他因忙于其他研究而离开了这一领域，但他始终对晶体物理以及该领域的深入研究项目保持着浓厚的兴趣。

皮埃尔·居里如此热心研究的对称性原理，是主导物理现象研究的少数几个著名原理之一，这些原理根源于实验所得出的观点，之后却逐渐超脱出来，呈现出一种越来越普遍、越来越完美的形式。正是通过这种方式，在早期动能和势能当量的概念的基础上，又增加了热功当量的概念，从而确立了应用非常普遍的能量守恒定律。同样地，拉瓦锡（Lavoisier）通过实验得出质量守恒定律，这属于化学基础的范畴。最近，通过令人赞叹的综合使我们得以将上述两个原理相结合，获得更高程度的普遍性，而此前已证明物体的质量与它的内在能量成正比。通过对电现象的研究，李普曼提出了电守恒定律。卡诺原理源于对热机功能的研究，该原理也具有非常普遍的重要性，通过它能够预见所有物质系统自发演化的最可能的特征。

对称性原理提供了一个相似进化的例子。首先，对自然的观察能够让人想到对称的概念；尽管这些观察结果只是不完美地揭示了在动植物方面有规律性的倾向。在结晶矿物中，规律性变得非常完美。我们可以认为大自然给我们提供了对称平面和对称轴的概念。一个物体具有一个对称平面，或者说是一个反射平面，如果这个平面将物体分成两个部分，其中每个部分可以被认为是另一部分在平面上反射的像，就像在镜子中一样。人类和许多动物的外表大概就是这种情况。如果一个物体沿轴线旋转，转到一周的 n 分之一，然后保持相同的外观，那么它就拥有 n 阶对称轴。因此，一朵规则的四瓣花的对称轴为四阶对称轴。像岩盐或明矾那样的晶体具有许多对称平面和许多不同阶的对称轴。

几何学教我们研究有限图形（例如多面体）的

对称元素，并发现其各部分之间的关系，以使我们能够将不同的对称组合在一起。了解这些组合能有效帮助我们在少数系统中对晶体形式进行合理分类，每个系统都是从简单的几何形状派生出来的。因此，正八面体与立方体属于同一系统，因为二者中由对称轴和对称平面的构成的组合是相同的。

在研究晶体物质的物理性质时，必须考虑到晶体物质的对称性。一般来说，这是各向异性的；也就是说，在不同方向上具有不同的性质。另一方面，诸如玻璃或水等介质是各向同性的，在所有方向上具有相同的性质。在对光学的研究中首次发现，光在晶体中的传播取决于晶体中的对称元素。同样的情况也适用于热传导或导电、磁化、极化等。

正是在思考造成这些现象的因果关系时，皮埃尔·居里把对称性看作特定现象发生的介质特有的空间条件，从而完善并扩展了对称性的概念。要定义这个条件，不仅要考虑介质的构成，还要考虑介质的运动条件和它所属的物理因素。因此，直圆柱体具有一个垂直于其轴线的对称面，并且有无限多个对称面穿过其轴线。如果同一圆柱体绕其轴线旋转，则第一个对称面保持不变，但所有其他对称面都被抑制。此外，如果电流纵向穿过圆柱体，则所有对称面都不复存在。

在每一种现象中，都可以确定与其存在相配的对称元素。某些元素可以与某些现象共存，但这些元素并非这些现象所必需。对这些现象来说，必要的是对称要素中的某些要素不应存在。正是不对称造成了这种现象。当几个现象在同一个系统中叠加时，不对称性就被叠加在一起（皮埃尔·居里《论文集》第127页）。

正是基于上述考虑，皮埃尔·居里提出了一种一般规律，其文本已经被引用，达到了最高程度的概括。这样达到的理论综合似乎已是完整的，剩下的就只需从中推论出它能带来的所有发展状况。

为此，可以方便地定义每种现象的特殊对称性，并引入一种分类法，以明确对称性的主要组合。质量、电荷、温度都具有相同的对称性，即球对称，这种对称性被称为标量。水流和直线电流具有矢量对称性，即极矢量。直立圆柱的对称性属于张量。晶体的所有物理现象都可以这样来表示，即并不对这一特定现象具体说明，而只考察不同类型的量（其中某些被认为是原因而另一些被认为是结果）之间的几何和解析关系。

因此，通过应用电场来研究电极化就变成了检验两个矢量系统之间的关系，并且写出具有9个系数的线性方程组。同样的方程组适用于晶体导体中电场和电流之间的关系，或者适用于温度梯度和热流之间的关系，只是系数的含义必须改变。同样，研究矢量和张量系统之间的一般关系可以揭示压电现象的所有特征。弹性力学现象的丰富多样性取决于两组张量之间的关系，这两组张量原则上需要36个系数。

上述简短的论述揭示了这些涉及所有自然现象的对称概念的高度哲学意义，而皮埃尔·居里如此清楚地阐述了其深刻的意义。鉴于此，不免想到巴斯德（Pasteur）所发现的同样是这些概念和生命现象之间的关系。他说："宇宙是一个不对称的统一体。我认为生命，正如我们所看到的那样，一定是宇宙不对称性的函数或是不对称性所产生的后果的函数。"

随着他在学校工作的进展，皮埃尔·居里开始梦想着再次进行他的实验研究。然而，他只能在最不稳定的条件下进行，因为他甚至没有一个实验室来开展个人的研究工作，也没有一个完全可供他使用的房间。此外，也没有资金支持他的研究。直到他在学校待了几年之后，借助舒岑伯格的影响，才为自己的工作每年获得一笔小额补助金。在那之前，都是他的上司好心通过动用教学实验室非常有限的常规资金，为他提供了必要的实验材料。至于工作的场所，他也只能将就了。当学生们的房间闲置时，他在那里做了一些实验。但更多的时候，他在楼梯和实验室之间的室外走廊里工作。正是在那里，他对磁性进行了长期的研究。

显然这种非正常的状况不利于他的工作，尽管如此，还是带来了令人高兴的结果：这种情况使学生与他的关系更亲密，因为这种情况允许学生不时参与和分享他的个人科学研究。

他真正回归实验研究的标志是对"最小重量的直读周期精密天平"的深入研究（1889年、1890年、1891年）。在这种天平中，通过使用显微镜摒弃了小砝码的使用，通过显微镜可以读取附着在天平一个臂末端的千分尺。读数是在天平振荡停止时进行的，由于使用了构造简便的气动阻尼器，可以快速使振荡停止。新研发的天平（也称居里天平）标志着比旧式天平有了相当大的进步。它在实验室化学分析中特别有价值，因为称重的快慢常常是对精度的考验。可以说，居里天平的引入标志着天平制造的新纪元。他在这一领域所做的工作远非经验性的，其中涉及对阻尼运动理论的研究，以及在一些学生的帮助下创建了许多曲线结构。

1891年，皮埃尔·居里开始了一系列关于物体在不同温度下（从常温到1400℃）的磁性的研究。这些研究历时数年，于1895年作为博士论文提交给巴黎大学科学院。他在论文中用以下几句话准确地阐述了自己工作的目的和结果：

> 从磁性的角度来看，物体可以分为两类：抗磁性体（即弱磁性体）和顺磁性体。[2] 乍一看，这两类似乎完全分离。这项研究的主要目的是探究物质的这两种状态之间是否存在过渡，以及是否有可能使一个给定的物体逐渐经历这两种状态。为了确定这一点，我研究了大量物体在尽可能不同的温度下、在不同强度的磁场中的性质。
>
> 我的实验未能证明抗磁性体和顺磁性体的性质之间的任何关系。实验结果支持将磁性和抗磁性归因于不同性质的原因的理论。相反，铁磁性体和弱磁性体的性质是密切相关的。

这项实验工作非常困难，因为它需要在温度可以达到400℃的容器中测量非常微小的力（约为毫克重量的1/100）。

皮埃尔·居里很清楚，从理论的角度来看，他所获得的结果是至关重要的。居里定律是一个非常简单的定律，按照这一定律，弱磁化物体的磁化系数与绝对温度成反比。该定律与盖-吕萨克定律相似，后者规定，理想气体的密度随温度变化而变化。1905年，P.朗之万在他著名的磁理论中，参考了居里定律，从理论上再次提出了反磁性和顺磁性之间起因的不同。P.朗之万的工作以及P.韦斯（P. Weiss）所做的重要研究证明了皮埃尔·居里结论的准确性，以及他发现磁化强度和流体密度之间相似性的重要性——顺磁状态相当于气体状态，铁磁状态相当于凝结状态。

关于这项工作，皮埃尔·居里花了一些时间来寻找未知的现象，这些现象在他看来并非先验地不可能存在。他试图寻找强抗磁性的物体，但没有找到。他也试图发现，是否有作为磁性导体的物体，以及磁性是否可以像电一样以"自由状态"存在。最后的结果也是没有找到。他从来没有发表过这些研究，因为他习惯于对各种现象的追求，往往成功的希望很小，仅仅是为了对不可预见的事物的热爱，从来没有想过发表。

由于这种对科学研究的完全无私的热爱，皮埃尔·居里从来没有想过要发表一篇博士论文来阐述这些早期的研究。当决定把关于磁学的杰出研究成果汇集成一篇博士论文时，他已经35岁了。

我清楚地记得他是如何在评委面前阐释他的论文的，因为他出于我们之间的友情邀请我出席了这个场合。评委会由邦蒂（Bonty）教授、李普曼教授和奥特弗耶（Hautefeuille）教授组成。听众中有他的一些朋友，其中包括居里年迈的父亲，他对儿子的成功倍感高兴。我记得他对论文的阐述是何其简洁和清晰，教授们所表现出的尊重的态度，以及教授们和他之间的对话，这让人感觉仿佛置身于物理学会的一次会议。我被深深地打动了，在我看来，那天在那个小房间里实现了人类思想的升华。

回顾皮埃尔·居里1883年至1895年间的这段生活，我们可以了解到这位年轻物理学家在担任实验室主任期间所取得的巨大进步。在此期间，他成功地组织了一个全新的教学服务项目，发表了一系列重要的理论性论文，以及最高级别的实验研究成果。此外，他还创建了精良的新设备、新仪器，所有这些都是在设施条件和资源都非常欠缺的情况下完成的。这些成就表明，自他年轻时在摸索自己的工作方法以及培养自己非凡能力的过程中所经历的疑惑和彷徨，他已经走过了很长的路。

他在国内外越来越受人尊敬。在学术团体（物理学会、矿物学会、电学家学会）的会议上，人们饶有兴趣地聆听他的演讲，在会上他常常展示自己的科研成果，并乐于参加各种科学问题的讨论。

在当时非常欣赏他的外国学者中，我首先可以举出的是杰出的英国物理学家开尔文勋爵（Lord Kelvin），他们一起参加了一些科学讨论，从那时起，开尔文经常表达出对皮埃尔·居里的尊敬和支持。在他访问巴黎期间，开尔文勋爵出席了第32届物理学会会议，当时皮埃尔·居里就带有保护环的标准冷凝器的构造和使用做了一个报告。在这份报告中，皮埃尔·居里建议使用一种装置，通过原电池对保护环板的中心部分充电，并将保护环与地面连接起来。然后，用在第二个板上感应的电荷作为一种测量方法。即使由此造成的场线布局是复杂的，所产生的感应电荷也可以用静电定理来计算，其简单公式与在均匀场中普通装置所用的公式相同，并且具有更好的绝缘效果。开尔文勋爵起初认为这种推理是不精确的，尽管他声名显赫、年事已高，第二天他还是到实验室去找这位年轻的主任。他们在黑板前讨论了这件事。开尔文勋爵完全被说服了，甚至似乎很高兴承认这一点。[3]

皮埃尔·居里尽管成就斐然，却在实验室主任这个小职位上连续工作了12年，这似乎令人惊讶。毫无疑问，这主要是因为人们很容易忽视那些得不到有影响力的人物积极支持的人。这也是由于他不肯为了升迁而去一步步打通关系。还有，他那独立的性格也不允许他提出晋升要求。事实上，他岗位非常低微，当时他的工资相当于一个日工（大约每月300法郎）的水平，只能勉强维持他那简朴的生活，进而继续他的工作。

他用下列文字表述了自己对这个问题的看法：

我听说可能有一位教授要辞职，那样的话，我可以申请接替他。想着谋求某个职位，这种感觉多么令人厌烦啊！我不习惯于这种事情，这使我感到非常沮丧。很抱歉我跟你说了这件事。我认为没有什么比让自己被这种事情占据，听别人说各种流言蜚语更不利于一个人的精神状态的了。

如果说皮埃尔·居里不喜欢在职位上谋求晋升，也更不希望获得荣誉。事实上，他对荣誉这件事有着非常坚定的看法。他不仅认为它们没有帮助，而且认为它们是有害的。他觉得对荣誉的渴望会带来麻烦，而且还会有损于人类的最崇高目标，即为纯粹的热爱而工作。

由于具备很高的道德操守，他毫不犹豫地做到言行合一。当舒岑伯格为了向他表示赏识，希望提名他"学术棕榈"骑士勋章奖项时，他拒绝了这一荣誉，尽管按照一般的观点，获奖会带来诸多好处。

他写信给他的主任：

> 我被告知，您打算再次提名我"学术棕榈"骑士勋章奖项。我恳请您不要这样做。如果您为我争取到这一荣誉，您将使我陷于不得不拒绝的尴尬处境，因为我已下定决心不接受任何形式的勋章。我希望您能理解我，不要这样做，因为这样会让我在很多人眼中显得可笑。如果您的目的是向我表示您很看重我，您之前已经做到了，而且以一种非常有效的方式，这使我深受感动，因为您的帮助使我能够心无旁骛地工作。

坚守着这一观念，后来皮埃尔·居里拒绝了1903年授予他的荣誉勋章。

但是，即使皮埃尔·居里拒绝采取措施改变他的境况，他的境况最终还是得到了改善。1895年，著名物理学家、法兰西学院教授马斯卡特（Mascart）被皮埃尔的能力和开尔文勋爵对他的评价所打动，坚持让舒岑伯格在物理和化学学院设立一个新的物理学教授职位。皮埃尔·居里后来被任命为教授，他的才能得到了充分的认可。然而，正如我们所看到的，直到这时他那简陋的物质条件也没有得到任何改善，而他就是在这样的条件下，一直坚持着个人的科学研究。

附 注

[1]在这篇非常简短的论文中，首次提出了一种理论，阐释了为什么晶体同时在特定方向上形成某些表面，从而解释了为什么晶体具有确定的形状。

[2]顺磁体是指那些与铁的磁化方式相同的物体，无论是较强磁化（铁磁化）还是较弱磁化。抗磁体是指磁化强度非常微弱的物体，并且与同一磁场中的铁的磁化极性相反。

[3]以下是这位杰出科学家在一次访问巴黎期间写给皮埃尔·居里的一封信：

亲爱的居里先生：

非常感谢您星期六的来信，我对其中所提及的信息非常感兴趣。

如果我明天上午10点到11点之间去您的实验室,我能在那里找到您吗?有两三件事我想和您讨论一下,我还想看看您谈到的铁在不同温度下磁化的曲线。

开尔文

1893年10月

第 8 章

婚姻与家庭生活

1894年春天,我第一次见到皮埃尔·居里。当时我住在巴黎,在巴黎大学学习了3年。[1]我已经通过了物理硕士学位考试,正在为数学考试做准备。与此同时,我开始在李普曼教授的研究实验室工作。我认识一位波兰物理学家,他对皮埃尔·居里十分赞赏,有一天,他邀请我们一起和他们夫妇晚上相聚。

我走进房间时,皮埃尔·居里正站在朝向阳台开着的落地窗旁。他看起来很年轻,尽管那时他已经35岁了。我被他脸上大方的表情和他略带超然的态度所打动。他讲话慢条斯理,深思熟虑,他的简单直率,他的微笑,既庄重又充满活力,让人容易信赖他。我们开始交谈,很快就变得友好起来。谈话首先涉及某些科学问题,我很高兴能够就此征求他的意见。然后,讨论了一些我们彼此都感兴趣的社会和人道主义问题。尽管我们来自不同国家,但他和我的观念却有着惊人的相似,无疑是由于我们都是在道德氛围相似的家庭里长大。

我们再次见面是在物理学会实验室,然后他问是否可以来拜访我。那时我住在学院附近一栋楼房六层的一个房间里。那是一个简陋的小房间,因为我的经济条件极其有限。尽管如此,我还是很高兴,虽然我那时已经25岁,但刚刚实现了我一直以来的夙愿,那就是在科学方面进行深造。

皮埃尔·居里来看我,对我的学生生活表现出一种简单而真诚的同情。不久,他就养成了和我谈论他梦想的习惯,那就是完全献身于科学研究的生活,他邀请我也加入那种生活。然而,做出这样的决定对我来说并不容易,因为这意味着得与我的国家和家庭分离,还意味着要放弃我珍视的某些社会项目。我在爱国主义的氛围中长大，这种氛围在被压迫的波兰得以延存，我希望像我国的许多年轻人一样，为保护我们的民族精神做出贡献。

当假期开始的时候，我离开巴黎去波兰的父亲那里，事情就这样发生了。我们在这次分离期间的通信有助于增强我们之间的感情纽带。

在1894年这一年中，皮埃尔·居里给我写了许多封信，我喜欢这些信的风格。这些信虽然都不长，因为他一贯说话简洁，但信都写得非常真诚，并明显急于想让他所渴望成为伴侣的人能了解真实的他。他出色的表达总是令我赞叹，没有人能像他那样用寥寥几行字就能描绘出一种心态、一种境况，通过这种描述用最简单的方法让人了解事实真相。因为这个天赋，我相信他可能会成为一位伟大的作家。我已经引用了他信中的几个片段，之后还会引用一些。在这里我想引用其中几句话，主要表达了他对走进婚姻的一些看法：

> 我们互相承诺要对彼此抱有一种深深的爱

意，不是吗？前提是你没有改变主意！因为山盟海誓并不可靠，此类事情是无法勉强的。

然而，如果我们在追梦中一起度过这一生，真的不敢想象，那将是一件多么美好的事情：一起追逐你报效祖国的梦想；一起追逐我们为人类谋福利的梦想；一起追逐我们对科学的梦想。在所有这些梦想中，我相信科学梦是最值得追求的。我这样说的意思是，我们毕竟无力改变现有的社会秩序。即便我们有能力改变，我们也不知道何去何从。在盲目前行中，我们永远也搞不清楚，在我们努力阻碍某些不可避免的发展时，究竟是利大于弊，还是弊大于利。相反，就科学来看，我们可以自认为有所作为。科学领域更加实实在在，更加清晰明了，尽管可以施展的天地不大，却能真实在我们的掌控之中。

我强烈建议你 10 月份回巴黎。如果你今年不来，我会很不开心，但是我不是出于朋友的自私才让你回来的。我之所以这么说，是因为我相信你在这里会工作得更好，你可以在这里完成更重要、更有益的事情。

从这封信里可以看出，皮埃尔·居里对未来只有一种期许，他把一生献给了他的科学梦想：他感到需要一个能和他一起实现梦想的伴侣。他多次告诉我，直到36岁才结婚是因为自己不相信有任何一个婚姻能够满足他的这一需求，而对此他丝毫不愿退让。

他22岁时在日记中写道：

> 女人比男人更爱生活的本来面目。天才的女性很少见。当我们在某种神秘的爱的驱使下，希望进入一种与自然相悖的生活，当我们把所有的心思都投入某种工作中，使自己超脱出身边的世俗琐事时，我们必须与女性斗争，而这种斗争几乎总是不平等的。因为她们以生活和自然的名义，试图引导我们倒退回去。

然而，在我之前引用的信中，我们可以看到皮埃尔·居里对科学及其促进人类普遍福祉的力量有着不可动摇的信念。把巴斯德众所周知的一句话用在他身上恰如其分："我坚信科学与和平终将战胜愚昧和战争。"

这种对科学解决方案的信心使皮埃尔·居里几乎不愿意积极参与政治。出于教育和信念，他坚持民主和社会主义思想，但不受任何党派学说的支配。然而，他会像他父亲一样履行作为选民的义务。无论是私底下还是在公开场合，他都反对使用暴力。他给我的信中写道：

> 你怎么看待一个人想用头将石墙撞倒？这样的想法也许是源于非常美好的感觉，但在实现的过程中却是荒谬和愚蠢的。我认为，某些问题需要的是一个普遍的解决办法，而非个性的解决办法，如果一个人一意孤行的话，那也将是弊大于利。此外，我相信，正义不属于这个世界，最强大的系统，或者更确切地说，经

济最发达的系统才能够存续下去。一个人也许为工作竭尽全力,但充其量只能过着悲惨的生活。这是一个令人厌恶的事实,却不会因为你讨厌它而停止。这种情况如果消失的话,可能因为人也可以看作是一种机器,让每一台机器以正常状态工作,而不是强迫它工作,从经济上来讲是有益的。

他认为,在考虑自己的内心世界时,同样需要清晰和理解,就像在研究一个普遍问题时一样。由于非常强调忠于自己和他人,使他在不得不接受生活中一些让步和妥协时感到苦不堪言,尽管他已把这种妥协减少到最低限度。他写道,

> 我们都是自己情感的奴隶,是我们对所爱人的偏见的奴隶。此外,我们必须谋生,这迫使自己成为机器上的轮子。最痛苦的是被迫对我们所处的社会的偏见做出让步。我们必须或多或少做出妥协,这取决于我们自我感觉是弱

小还是强大。一个人若不做出足够的让步,他就会被压垮;若做出太多的让步,他就会变得卑微和鄙视自己。我发现自己与十年前所坚持的原则相去甚远。当时我认为凡事都要追求极致,对环境决不让步。我认为有必要放大一个人的缺点和优点。

这是个人信条,他自己没有财富,却希望与一个碰巧遇到的同样没有财富的学生共同生活。

度假回来后,我们的友谊变得越来越珍贵,我们都意识到自己再也找不到更好的人生伴侣了。因此,我们决定结婚,婚礼定于1895年7月举行。按照我们共同的愿望,这是一个尽可能简单的仪式——一个民间婚礼仪式,因为皮埃尔·居里不信教,我本人也不信教。皮埃尔的父母非常热情地接待我,我的父亲和姐妹们出席了婚礼,他们也很高兴结识我未来夫家的人。

我们的第一个小家,简单质朴,是位于冰川街的一个三室小公寓,离物理学院不远。它最吸引人的地方是有一个大花园。家里陈设非常简单，都是从原先的家带过来的一些物品。我们的经济条件不允许我们雇仆人，所以我不得不承担几乎所有的家务，就像我在学生时代的习惯一样。

居里教授的年薪是6000法郎，我们认为他不应该从事任何兼职工作，至少在一开始是这样。至于我自己，我正准备参加女青年教师资格考试，以便获得一个教师的职位。我是在1896年通过这个考试的。我们在生活安排上以科学工作为先，大多数日子是在实验室里度过的，在那里舒岑伯格允许我和我的丈夫一起工作。

开始皮埃尔·居里研究晶体的生长，并对此非常感兴趣。他想知道晶体的某些面之所以优先生长，主要是因为它们的生长速度不同，或是因为它们的溶解度不同。他很快得到了有趣的结果（未发表），但是他不得不中断他的研究来进行其他关于放射性的研究。他常常后悔自己再也无法回到这些研究上来。当时我正忙于研究回火钢的磁化。

皮埃尔·居里对他的课程准备非常认真。因为这门课是新的，并没有规定学习的课程。起初，他把课程分为结晶学和电学。后来，随着他越来越认识到一门严谨的电学理论课对未来工程师的用处，他全身心地投入这门课程中，并成功地开设了一门当时在巴黎最完整、最现代的课程（约120节课）。他付出了相当大的努力，我每天都见证着这一切的发生：因为他总是急于把各种现象、理论和思想的演变完整地描述出来；也总是担心他的阐述方式是否清晰和准确。他曾想发表一篇总结这门课程的论文，但不幸的是，随后几年的许多事务使他无法实施这个计划。

我们过着非常简单的生活，有着共同的兴趣，比如对实验室里的实验、备课和备考的兴趣。在11年里，我们几乎没有分开过，这意味着我们之间在那个时期很少有通信。休息日和假期里，我们在巴黎附近的乡村、海边或山区散步或骑自行车度过。然而，我的丈夫是如此专注于他的研究，以至于他很难在一个缺乏工作设施的地方待上一段时间。过几天他就会说："在我看来，我们已经很长时间什么都没干了。"然而，他喜欢连续几天的远足，喜欢我们一起散步，就像以前他和哥哥一起散步一样。但所看到美丽事物的喜悦从未使他的思想远离那些吸引他的科学问题。在这些闲暇时间里，我们游览了塞文山脉和奥弗涅山地区，以及法国海岸和一些大森林。

这些在户外游玩的日子，到处是美丽的景色，给我们留下了深刻的印象，我们喜欢一起回忆这些日子。我们美好的回忆之一是在一个阳光灿烂的日子，经过漫长而疲惫的攀登之后，我们到达了奥布拉克嫩绿的草地，享受高原的纯净空气。另一个生动的记忆是在一个夜晚，当我们在特鲁耶峡谷中逗留到黄昏时，听到远处的民间歌声，是从一条顺流而下的小船上传来的，此情此景令人陶醉。我们流连忘返，直到天亮才回到住处。路上我们遇到了马车，拉车的马受到我们自行车的惊吓，后来不得不抄近路穿过耕地。最后我们回到了高原上，沐浴在朦胧的月光下。那些在围栏里过夜的奶牛睁着大大的眼睛注视着我们。

春天里，贡比涅的森林让我们着迷，那里绿树成荫，一望无际，还有长春花和海葵。在枫丹白露森林的边缘，卢万河两岸，布满了水毛茛，都是皮埃尔·居里所喜爱的。我们喜欢布列塔尼幽静的海岸，以及延伸至菲尼斯泰尔海角的石南和金雀花，看起来像是伸入水里的爪子或者牙齿，任由海水冲刷。

后来，当我们有了孩子，会在某个地方度假，不再四处旅行。那时我们尽可能简单地生活在偏僻的村庄里，在那里我们几乎跟当地村民一样。我记得有一天，当一位美国记者在普尔杜发现我们时，他惊呆了，当时我正坐在我家的石阶上抖掉凉鞋上的沙子。然而，他的尴尬是短暂的，他适应了这种情况，坐在我旁边，开始在他的笔记本上记录我对他问题的回答。

我和我丈夫的父母之间的关系是最亲密的。我们经常去索镇，我丈夫婚前居住的房间总是留给我们。我对雅克·居里和他的家人也有一种非常温柔的亲情（他已婚，有两个孩子），皮埃尔的哥哥也是我的哥哥，并且一直如此。

我们的长女伊蕾娜（Irène）出生于1897年9月，几天后，我的丈夫因母亲的去世而遭受了巨大的打击，他万分悲痛。我的公公居里医生来和我们一起居住在一栋有花园的房子里，房子坐落在巴黎靠近蒙苏里公园的旧防御工事（凯勒曼大道108号）上。皮埃尔·居里一直住在这里直到他生命的尽头。

随着孩子的出生，我们继续工作的困难增加了：因为我不得不分给家里更多的时间。非常幸运的是，我可以把女儿留给她的爷爷，他非常喜欢照顾孙女。但是我们也不得不考虑增加我们的收入来满足我们大家庭的需要，也非常有必要请一位保姆。然而，我们的境况在接下来的两年里并未改善，我们一直忙于放射性实验室的研究。事实上，直到1900年才有了改观，

居里夫妇和他们的女儿伊蕾娜

而这是以减少我们研究工作的时间为代价的。

所有正式的社会义务都被排除在我们的生活之外。皮埃尔·居里对这种事情有着无法克服的厌恶。在早年和后来的生活中，他都不会去拜访或参与无意义的社交。他生性严肃，沉默寡言，宁愿沉浸在自己的思考中，也不愿意与人闲聊。另一方面，他非常重视少年时代的朋友，以及那些与他有着共同科学兴趣的人。

在后者中，有里昂大学科学系的教授 E. 古伊（Gouy）。他和皮埃尔·居里的友好关系开始于他们同是巴黎大学的制备员时。他们定期进行科学通信，在古伊多次短暂访问巴黎期间，他们非常高兴地会面，形影不离。我的丈夫和现任塞弗尔国际度量局局长的陈·埃德·纪尧姆（Ch. Ed. Guillaume）之间也保持着长期的友谊。他们在物理学会见面，周日偶尔在塞弗尔或索镇见面。后来，一群年轻人聚集在皮埃尔·居里周围。同样的，他们都是从事物理和化学最新领域研究的人员。在这些人中，有我丈夫的密友兼放射性研究合作者安德烈·德比尔内（André Debierne），研究 X 射线的合作者乔治·萨格纳克（George Sagnac），法兰西大学教授保罗·朗之万，时任巴黎大学物理化学教授让·佩林（Jean Perrin），以及物理学院学生、后来的巴黎大学教授乔治·乌尔班（Georges Urbain）。他们中经常有人到凯勒曼大道安静的住所里来拜访我们。然后，我们讨论最近或未来的实验，或新的想法和理论，为现代物理学的迅猛发展感到欢欣鼓舞。

我们家没有举行过大型聚会，因为我丈夫觉得这没有必要。他与一个人或少数几个人交谈时更自在，除了参加科学学会的会议外，他很少参加任何会议。如果他偶然发现自己在一个引不起他兴趣的聚会上时，他就会躲到一个安静的角落里，忘记聚会而专注于自己的思考。

我们与家人的关系，在他这边和我这边都很有限，因为他的亲戚很少，我的亲戚又离得远。然而，当我家的亲戚来巴黎或在假期里来看我时，他对我的家人非常真挚。

1899 年，皮埃尔·居里和我一起去了奥地利波兰的喀尔巴阡山。我的一个姐姐住在那里,她嫁给了德卢斯基(Dluski)医生,她自己也是一名医生,他们管理着一家大型疗养院。基于强烈地想了解我所珍视的一切,我丈夫虽然不懂外语,但他想学习波兰语,这是我从未想到过的提议,因为我不认为波兰语对他有足够的用处。他对我的国家深表同情,并相信未来将重建一个自由的波兰。

在我们共同生活中,我有机会像他希望的那样去了解他,并且每天都更深入地了解他的思想。他和我们结婚时我所想象的一样或更好。我对他不同寻常的品质的钦佩与日俱增;他生活在一个如此崇高的层次上,有时在我看来,他似乎是个独一无二的存在,因为他从不虚荣,摆脱了人们在自己和他人身上常看到的那种鄙俗。

毫无疑问,这就是他那无穷无尽的魅力的来源,使人们不能长久地对此视而不见。他那深思熟虑的表情非常吸引人,而直率、善良和温柔的性格又增加了他的吸引力。他有时会说,他从来都不好斗,这是完全正确的。其他人很难和他发生争执,因为他从不生气。"生气不是我的强项,"他笑着说。他没有几个朋友,但也没有一个敌人,因为他从不伤害任何人,即使是无意的。但与此同时,也没有人能够强迫他偏离自己的行动路线,这使得他的父亲给他起了个绰号"温柔的顽固派"。

当他表达自己的观点时总是很坦率,因为他认为使用外交手段是幼稚的,而坦率是最容易和最好的表达。由于这种做法,他获得了"天真"的名声;实际上,他的行动都是经过深思熟虑的,而不是出于本能。也许是因为他能够认清自己,并且能够隐藏自己的内心,所以他能够清楚地领会别人的动机、意图和想法。虽然他有时忽略了细节,但他很少在事情的本质上出差错。通常,他对自己的判断保密,但一旦他下定决心,有时会毫不保留地表达出来,因为他确信自己所做的是有益的事情。

在科学领域的各种关系中,他从不争强好胜,也不允许自己受到个人荣誉或个人情感的影响。每一个卓越的成功都使他感到开心,即使是在他自认领先的领域里取得的成功。他说:"如果我没来得及发表类似的研究报告，而是由其他人抢先发表了，那又有什么关系呢？"因为他主张人们应该对科学感兴趣，而不是对人感兴趣。他由衷地反对一切形式的竞争，甚至反对中学里的比赛和评分，以及所有形式的评比、表彰。他总是给那些有科学天赋的人提供建议和鼓励，其中有些人至今仍然对他怀有深深的感激之情。

如果他的态度来自那种已然达到文明巅峰的精英，那么他的行为就是一个真正善良的人的行为，这都根植于他所接受的教育，使他与人为善，对人充满了理解和宽容。他总是愿意在力所能及的范围内帮助任何处境困难的人，即使这意味着要付出一些时间，而这对他来说是所能做出的最大牺牲。他的慷慨是如此的自然而然，以至于人们几乎都注意不到。他认为，除了提供简单生活的必需品之外，拥有物质财富的唯一好处在于可以用来帮助他人和从事自己喜欢的工作。

最后，关于他对朋友的爱，以及他作为朋友的品质，我该说些什么呢？他很少给予别人友谊，但他给予的友谊是可靠和忠实的,因为这建立在共同的思想观念之上。他也很少给予爱,但是他给予他哥哥和我的爱是多么的完整啊!他可以抛弃一贯的矜持,努力营造一种和谐与信任。他温柔备至、细心周到。被这种柔情蜜意所包围是极好的,但是习惯于被这种温柔氛围所包围之后,失去它又是件残忍的事。但是我将引用他自己的话来说出他对我完全的爱的付出:

> 我好想你,你填满了我的生命,我渴望拥有新的力量。我感觉,如果我像现在这样想着你,专注于你,我就能看到你,并追随你正在做的事情,我应该能够让你感到此刻我完全属于你,但是你并没有在我眼前出现。

我们对自己的健康状况并不是那么有信心,对于我们是否有力量抵御各种严峻考验也不太有信心。正像那些知道共同生活来之不易的人一样,可能发生的不测让我们担忧。在这种时候,他单纯的勇气总是使他得出同样的结论:"无论发生什么,即使一个人变成一个没有灵魂的躯体,仍然要一直工作下去。"

附 注

[1] 以下是一些简短的传记细节:

我叫玛丽·斯克洛多夫斯卡。我的父母出生于波兰天主教家庭。他们二人都是华沙(当时在沙俄统治下)中学的教师。我出生在华沙,并在那里上学。高中毕业后,我教了几年书。1892年我来到巴黎学习科学。

第9章

镭的发现

我前面说过，1897年皮埃尔·居里忙于研究晶体的生长。在假期开始的时候，我本人已经完成了一项关于回火钢磁化的研究，为此我们获得了民族工业促进协会的一笔小额补助金。我们的女儿伊蕾娜是9月出生的，我一康复，就开始继续在实验室里工作，准备写一篇博士论文。

1896年，亨利·贝克勒尔发现了一个奇怪的现象，引起了我们的注意。伦琴发现的X射线激发了人们的想象力，许多物理学家正试图发现荧光体在光的作用下是否会发射出类似的射线。带着这个疑问，亨利·贝克勒尔正在研究铀盐，偶然，他发现了一种意外的不同现象：铀盐自发发射出一种特殊性质的射线。这就是放射性的发现。

贝克勒尔发现的特殊现象如下：铀化合物放在覆盖着黑纸的照相底片上，会在底片上产生一种类似于光照所产生的影像。造成这种影像的原因是穿过纸张的铀射线。这些射线可以像 X 射线一样，通过使周围空气成为导体来使验电器放电。

亨利·贝克勒尔确定，这些特性并不依赖于初期的隔离，即便将铀化合物放于黑暗状态几个月，这些特性依然存在。下一个问题就是，这种能量是从哪里来的，虽然是微量的，但是不断地从铀化合物中以辐射的形式释放出来。

对这一现象的研究似乎对我们非常有吸引力，而更具吸引力的是，这个问题是全新的，而且关于这方面的研究还是空白。我决定对此进行研究。

有必要找一个地方进行相关实验。我丈夫从学院主任那里获得了在一楼使用玻璃书房的授权，那里当时被用作储藏室和机械车间。

为了使贝克勒尔的结果更进一步，有必要使用精确的定量方法。最适合测量的现象是铀射线在空气中产生的导电性。这种现象被称为电离现象，X射线也能产生这种现象，通过有关电离现象的研究揭示了X射线的主要特征。

为了测量被铀射线电离的空气中有非常微弱的电流，我可以用一种由皮埃尔和雅克·居里开发和应用的极好方法。这种方法是在灵敏的静电计上，在电离作用得到的电流的电量与压电石英所提供的电流携带的电量之间取得平衡。因此，该装置需要一个居里静电计、一个压电石英和一个电离室，电离室最后由一个平板电容器形成，其较高的平板与静电计相连，而带已知电位的较低平板覆盖着一层薄薄的待测物质。不用说，这种电测装置并不适合安装在我那拥挤潮湿的小房间里。

我的实验证明，铀化合物的辐射可以在确定的条件下精确测量，这种辐射是铀元素的原子特性。辐射的强度与化合物中铀的含量成正比，既不取决于化合作用的条件，也不取决于光或温度等外部环境。

接下来，我着手研究是否还有其他元素具有相同的性质，带着这个目的，我研究了当时已知的所有元素，无论是以单质还是化合物的形式存在。我发现，在这些物质中，钍化合物是唯一发出类似铀射线的物质。钍的辐射强度与铀的辐射强度相同，与铀一样，辐射是钍元素的原子特性。

这时，有必要找到一个新术语来定义铀和钍元素所表现出的物质新性质。我提出了"放射性"这个词，后来被普遍采用，具有放射性的元素被称为放射性元素。

在研究过程中，我不仅研究了简单的化合物、盐和氧化物，还研究了大量的矿物。某些矿物被证明具有放射性，含有铀和钍，但是它们的放射性似乎不正常，因为比我在铀和钍中发现的放射性要大得多。

这种异常使我们大为惊讶。当我确信这不是由于实验中的错误造成时，就有必要找到一个解释。然后我假设铀和钍的矿石中含有一种少量的比铀或钍更强的放射性物质。这种物质不可能是已知元素之一，因为所有已知元素已经被检验过。因此，它一定是一种新的化学元素。

我强烈地希望尽快验证这个假设。皮埃尔·居里对这个问题非常感兴趣，他放下对晶体的研究（他认为只是暂时放下），加入我对这种未知物质的研究。

我们选择了将沥青铀矿作为我们的研究对象，这是一种铀矿石，纯净状态下放射性大约是铀氧化物的四倍。由于这种矿石的成分已通过非常仔细的化学分析得知，我们预计最多能找到百分之一的新物质。我们的实验结果证明沥青铀矿中确实存在新的放射性元素，但它们的比例甚至没有达到百万分之一！

我们使用的方法是一种基于放射性的化学研究新方法，包括通过普通化学分析方法诱导分离，然后在合适的条件下测量所有分离产物的放射性。通过这种方法，人们可以了解到所寻找的放射性元素的化学性质，因为随着不断分离，这种元素越来越集中，放射性越来越强。我们很快认识到放射性主要集中在两种不同的化学成分中,并且我们能够识别沥青铀矿中至少存在两种新的放射性元素:钋和镭。我们在 1898 年 7 月宣布了钋的存在,同年 12 月宣布了镭的存在。[1]

尽管进展较快,但我们的工作还远没有完成。在我们看来,这些新元素的存在是毫无疑问的,但要使化学家承认它们的存在,就必须将它们分离出来。现在,在我们放射性最强的产物(放射性是铀的数百倍)中,钋和镭只是作为微量元素存在。钋与从沥青铀矿中提取的铋有关,镭与从沥青铀矿中提取的钡有关。我们已经知道我们可能用什么方法分离钋和铋,镭和钡,但是要完成这样的分离,我们必须拥有更多的原生矿石。正是在我们研究的这一阶段,由于缺乏适当的条件,包括工作场所、资金和人员,我们的工作受到了极大的阻碍。

沥青铀矿是一种昂贵的矿物,我们买不起足够的数量。当时这种矿物的主要来源是圣约钦斯塔尔(波希米亚),那里有一个奥地利政府用来开采铀的矿场。我们相信,我们会在这个矿场的废渣中找到所有的镭和一部分钋，这些废渣迄今为止根本没有被使用过。借助维也纳科学院的影响，我们以优惠的价格获得了几吨这种废渣，并将其作为我们的主要原料。起初，我们不得不利用个人资产来支付实验的费用；后来，我们得到了一些补助金和一些外部的资助。

工作场所的问题特别严重，我们不知道在哪里可以进行化学处理。我们不得不在一个废弃的储藏室里处理它们，这个储藏室就在我们安装电测量装置的工作室对面。这是一个木棚，铺着沥青地板，玻璃屋顶挡不住雨水，也没有任何内部装修。里面只有一些破旧的松木桌子，一个不太好用的铸铁炉子，还有一个皮埃尔·居里喜欢用的黑板。没有通风橱带走我们在化学处理过程中释放的有毒气体，所以不得不带到外面的院子里去做，但是当天气不好的时候，我们就只能在木棚里面继续，同时把窗户开着。

在这个临时的实验室里，我们几乎在没有其他人帮助的情况下工作了两年，忙于化学研究和我们正在获得的活性日益增强的产物的辐射研究。于是我们就有必要分工合作了。皮埃尔·居里继续研究镭的性质，而我继续进行以制备纯镭盐为目标的化学实验。我必须一次处理多达 20 千克的材料，这样储藏室里堆满了大容器，里面装满了沉淀物和液体。搬运这些容器，运送液体，用一根铁棒在铸铁盆里搅拌沸腾的原料，一次要搅拌几个小时，这些都是费力的工作。我从矿物中提取出镭的钡化合物（以氯化物存在），然后进行分级结晶。镭积聚在最难溶解的部分，我相信这个过程一定会导致镭氯化物的分离。最后一次结晶过程中非常精细的操作在那个实验室里极难进行，因为在那里不可能有防止铁和煤尘的保护措施。到年底时，结果清楚地表明，镭比钋更容易分离，这就是为什么我们将精力集中在这个方向上。我们研究了我们获得的镭盐，目的是探索它们的放射性，我们把这些镭盐的样本借给了几位科学家，[2] 尤其是亨利·贝克勒尔。

在 1899 年到 1900 年间，皮埃尔·居里和我共同发表了一篇关于发现镭产生的诱发放射性的专题论文。我们还发表了另一篇关于射线效应的论文：包括发光效应、化学效应等。此外，发表了一篇关于某些射线携带电荷的论文。最后，我们为1900年在巴黎召开的物理学大会做了关于新放射性物质及其放射性的总报告。此外，我丈夫还发表了关于磁场对镭射线作用的研究报告。

这些年来我们和其他科学家的主要研究结果是，使人们了解镭射线的性质，并证明它们属于三个不同的类别。镭发射出一股活跃的微粒流，以极快的速度运动。其中一些微粒带有正电荷，形成α射线；另一些更小的微粒带负电荷，形成β射线。这两组微粒流的运动受到磁铁的影响。第三组是由对磁体的作用不敏感的射线组成，我们今天知道，它们是一种类似于光和X射线的辐射。

我们特别高兴地看到，我们实验的产物含有浓缩镭，它们都是自发发光的。我丈夫曾希望看到它们呈现出美丽的色彩，但他不得不承认，自发光这个意想不到的特征给了他意外的惊喜。

1900年的物理学会大会为我们提供了一个机会，

让外国科学家近距离地了解我们新的放射性物质。这是本届大会主要关注的问题之一。

我们此时完全沉浸在新开启的研究领域中，这要归功于意想不到的新发现。尽管我们的工作条件很艰苦，但我们还是很开心。我们每天都在实验室里度过，经常就在那里吃一顿简单的学生午餐。我们那破旧的储藏室里一片宁静；偶尔，利用等待实验结果的间隙，我们会一起在屋里踱步，聊聊我们的工作、现在和未来。当天气寒冷时，我们在炉旁喝一杯热茶，感觉很惬意。我们完全沉迷在工作中，就像在梦中一样。

有时我们在晚饭后回来，再检查一下我们的实验室。我们珍贵的产物无处安放，都被摆在桌子和木板上；从四面八方我们可以看到它们微微发光的轮廓，这些似乎在黑暗中悬浮着的光亮，不免让我们再次感觉心潮澎湃。

本来，学院的职员没有义务为皮埃尔·居里提供任何服务。不过，他之前担任实验室主任期间的一个助手，只要一有时间，就会继续来帮助他。这个名叫佩蒂特（Petit）的好人对我们怀有真挚的感情和关怀，他的善意和对我们事业的关心，对推动我们工作的进展大有裨益。

我们是独自开始研究放射性的，但由于这项工作的规模，我们越来越意识到寻求合作的重要性。早在1898年，该校的一位实验室主任G.贝蒙特（Bemont）就给了我们临时的帮助。到1900年，皮埃尔·居里与一位年轻的化学家安德烈·德比埃尔内（André Debierne）一起协作。安德烈是弗里德尔手下的制备员。安德烈·德比埃尔内欣然接受了皮埃尔·居里的建议，专心研究放射性；他特别着手寻找一种新的放射性元素，我们怀疑这种元素存在于铁族元素和稀土元素中。他发现了锕元素。尽管他在巴黎大学物理化学实验室（实验室主任是让·佩林）进行他的工作，但他还是经常到我们的储藏室进行拜访，很快就成了皮埃尔和我、居里医生和孩子们的亲密朋友。

大约在这段时间，一位致力于X射线研究的年轻物理学家乔治·萨纳克（George Sagnac）经常来和我丈夫讨论，如何在这些射线、它们的次级射线和放射性物质的放射性之间找到相似性。他们一起研究次级射线携带的电荷。

除了我们的合作者之外，在实验室里很少见到其他人；然而，时不时有一些物理学家或化学家来观看我们的实验，或者向皮埃尔·居里征求建议或获取信息，因为他在物理学的几个分支中的权威性得到了很好的认可。然后他们在黑板前进行讨论，至今想起还令人难忘，因为这些讨论激发了人们对科学的兴趣和对工作的热情，而并不会中断思考的过程，也没有扰乱实验室真正宁静和沉思的气氛。

附 注

[1] 这最后一个是与 G. 贝蒙特共同发布的，他曾与我们合作开展实验。

[2] 作为例子，我引用 A. 保尔森（Paulsen）写给皮埃尔·居里的一封信，感谢皮埃尔·居里在1899年借给他放射性产物。

尊敬的先生和同事：

非常感谢您8月1日的来信，我刚刚在冰岛北部收到了。

我们已经放弃了迄今为止用来测定固定导体周围空气中的某些点上电势的所有方法。现在只使用您的放射性粉末。

先生，我最尊敬的同事，请接受我对您的敬意，并再次感谢您为我的研究工作所做出的巨大贡献。

亚当·保尔森

德恩·达姆克·诺德研究团队

1899年10月16日于阿库雷伊

第10章
国家的首次资助来得有点晚

尽管我们希望把全部精力都集中在我们所从事的工作上，尽管我们的需求如此之少，但我们不得不承认，到 1900 年，我们的收入必须得有所增加。皮埃尔·居里对他能在巴黎大学获得一个重要教职几乎没抱什么幻想，尽管这个职位并不意味着有太高的薪水，但足以满足我们家庭的需求，使我们能够在没有额外收入的情况下正常生活。由于他既不是师范学校的毕业生，也不是理工学院的毕业生，他缺乏这些院校给予学生的支持，这种支持往往是决定性的；而他因自己的成就本可以期望得到的职位，被给予了他人，甚至没有人认为他算得上一个候选人。1898年年初，他申请物理化学教授职位（这个职位因为萨莱特去世而空缺），但没有成功，这个失败使他确信自己没有晋升的机会。然而，在1900年3月，他被任命为理工学院的助理教授，但他只在这个职位上做了6个月。

1900年春天，他收到一个意想不到的邀请，是担任日内瓦大学的物理学教授。该大学的元老以最热情的方式发出了邀请，并坚称该大学已准备好聘用一位如此有名望的科学家。这个职位的好处是薪水较高，并承诺建设一个足以满足我们需要的物理实验室，而且这个实验室会为我提供一个正式的职位。这一提议值得我们仔细考虑，因此我们访问了日内瓦大学，受到了最热情的接待。

这是我们要做的一个重大决定。日内瓦具有物质上的优势，也提供了可与乡村相媲美的宁静生活。因此，皮埃尔·居里很想接受，只是我们眼下对镭研究的兴趣使他最终决定不接受。他担心这种改变会打断我们的研究。

此时，巴黎大学物理、化学和自然史课程的物理教授职位空缺，这门课程是医学院学生的必修课程，即众所周知的物理、化学和自然史（P.C.N）。皮埃尔·居里申请了该职位，借助亨利·庞加莱（Henri Poincaré）的影响（庞加莱希望他不要离开法国），皮埃尔获得任命。同时，我被聘用为塞弗尔女子师范学校物理讲师。

所以，我们留在了巴黎，收入也增加了。但与此同时，我们的工作条件却日益艰难。皮埃尔·居里在做双重教学工作，而在物理、化学和自然史课程教学中，由于学生人数众多，他感到非常疲劳。至于我自己，不得不花很多时间准备在塞弗尔的讲课，并组织实验室的工作。

此外，皮埃尔·居里的新职位并没有带来一个实验室，他在索邦的附属建筑（居维叶街12号）里只有一个小办公室和一间作为物理、化学和自然史课程教学区的工作室。然而，他觉得非常有必要继续自己的研究工作。事实上，他对放射性的研究飞速进展，使他决定在巴黎大学的新职位上，接收一些学生加入这项研究。因此，他采取措施寻找更大的可用工作区。那些之前这样做的人都明白，他现在正在往财政和行政审批手续这堵墙上撞，他所写的大量官方信件，进行的多次拜访和提交的申请都以失败而告终。这一切使皮埃尔·居里十分疲惫和气馁。他也必须不断地往返于教学实验室和我们继续从事研究工作的物理学院的储藏室之间。

除了这些困难之外，我们发现，如果没有工业手段来处理我们的原材料，我们就无法取得进一步的进展。幸运的是，某些权宜之计和慷慨的援助解决了这个问题。

早在1899年，皮埃尔·居里就成功地组织了第一次工业实验，利用中央化学产品学会给他的一次机会安装了一个装置，他在建造天平时与该机构联系过。安德烈·德比埃尔内很好地解决了技术细节问题，这次实验取得了良好的效果，尽管必须为这项需要特殊防范措施的化学实验培训一名专门人员。

我们的研究已经开启了一场普遍的科学运动，其他国家也在进行类似的工作。皮埃尔·居里对这些事情持有一贯的非常无私和自由的态度。经我同意，他拒绝从我们的发现中获取任何实质性利润。我们没有专利，并且毫无保留地出版了我们所有的研究成果，以及镭制备的精确过程。此外，我们还向感兴趣的人提供了他们想要的任何信息。这对镭工业发展大有好处，镭工业因此可以完全自由地发展，首先在法国，然后在国外，为科学家和医生提供他们需要的产品。这个行业今天仍然采用我们当初规定的工艺，几乎没有任何修改。[1]

尽管我们的工业实验取得了良好的效果，但是由于我们的资源不足，使我们难以取得进一步的进展。受我们的启发，一位法国的制造商阿尔梅特·里斯勒（Armet de Lisle）提出建立一个名副其实的镭工厂并为医生提供镭的想法，这个想法在那个时代是大胆的。当时发表的各种研究引起了医生们对镭的生物效应及其医疗应用的兴趣。事实证明这个项目是成功的，因为它可以雇佣我们已经培训过的人来完成精细的制造过程。自此，镭开始陆续高价出售，高价是因为镭必须在特殊的条件下制造，而且生产镭所需的矿物成本当时也在上涨。[2]

在此，我要对阿尔梅特·里斯勒愿意与我们合作的精神表示赞赏。他以一种完全无私的态度，在他的工厂里给我们安排了一个小的工作场所，并为我们提供了一部分资金。其他资金要么是我们自己出，要么是通过补助金获得的，其中最重要的一笔资金是1902年科学院给予的总额达2万法郎的补助金。

就是这样，我们利用逐步获得的矿石来制备一定数量的镭，并把这些镭不断应用在研究中。含有镭的钡化合物在工厂里进行提取，然后我在实验室里进行提纯和分级结晶。1902年，我成功制备了0.1克纯镭氯化物，能够显示新元素镭的光谱。我首次测定了这种新元素的原子量，镭的原子量比钡的原子量高得多。因此，镭的化学独特性被彻底证明，放射性元素的真实存在为众人周知，对此不再有任何争议。

我在1903年发表的博士论文就是基于这些

研究。

后来，为实验室提取的镭的数量增加了，1907年我能够第二次更精确地确定镭的原子量为225.35——现在人们接受的数字是226。我也和安德烈·德比埃尔内一起成功地获得了金属状态下的镭。按照皮埃尔·居里的要求，由我制备并交给实验室的镭的总量超过1克。

纯镭的活性超出了我们的预期。在同等重量的情况下，这种物质发射的辐射强度是铀的100万倍以上。为了抵消这一点，铀矿中所含的镭的量是每吨铀中不超过0.3克镭。这两种物质之间有着非常密切的关系。事实上，我们如今知道，在矿物中生产镭是以牺牲铀为代价的。

皮埃尔·居里被任命物理、化学和自然史的教授后的几年是艰难的。只有将精力集中在一个单一明确的研究课题上，他才会感觉幸福快乐，而如今他不得不去组织一个复杂的工作系统，随之而来的是各种焦虑。由于不得不教授大量的课程，他的身体疲劳感日益加重，以至于常常感觉到身体剧烈疼痛，在超负荷工作状态下，这种情况愈演愈烈。

因此，如果他要节省精力和保持健康，必须减轻他的工作负担。他决定申请巴黎大学矿物学教授的职位，这个职位当时空缺，因为他渊博的知识和关于晶体物理理论的重要著作，他完全有资格担任。然而，他的竞聘失败了。

尽管如此，在这段痛苦的时期，他还是通过超人的努力，成功地完成并发表了几项独自或合作完成的研究：

- 诱发放射性研究（与 A. 德比埃尔内合作）
- 诱发放射性研究（与 J. 丹尼合作）
- 镭射线和伦琴射线对介质液体电导率的影响
- 关于镭射气的衰减规律及镭射气及其活性沉积物放射性常数的研究
- 镭释放热量的发现（与 A. 拉博德合作）
- 镭放射在空气中的漫射研究（与 J. 丹尼合作）
- 温泉气体放射性研究（与 A. 拉博德合作）
- 镭射线的生理效应研究（与亨利·贝克勒尔

的研究相同）

- 镭辐射的生理作用研究［与布沙尔（Bouchard）和巴尔塔扎（Balthazard）的研究相同］
- 磁常数测定仪的注记［与C.切尼维（C.Cheneveau）的研究相同］

所有这些关于放射性的研究都是基础性的，涉及各种各样的学科。一些人的研究目标是射气，即镭产生的奇怪的气态物质，很大程度上是镭本身产生强辐射的原因。皮埃尔·居里通过深入的研究证明了一个严谨而不变的定律，根据这个定律，无论射气处于什么条件下，它都会自我消亡。今天，镭的射气被收集在小瓶中，通常被医生用作治疗剂。出于技术上的考虑，镭射气的使用比直接使用镭更好。在这种情况下，医生必须查阅数字图表来了解射气每天的衰减量，尽管射气是被封闭在小玻璃瓶中的。在矿泉水中也有少量的这种放射物质，这对身体具有一定的疗效。

更引人注目的是镭释放热量的发现。这种物质在外观没有任何改变的情况下，每小时释放的热量足以融化与自身相同重量的冰。如果通过防护不让这种热量释放的话，镭会自行加热。它的温度可以升至比周围环境高 10 摄氏度或更多。这是与当时所具有的科学经验相违背的。

最后，鉴于镭的生理效应实验带来的影响，我不能不对此有所涉及。

为了测试 F. 吉塞尔（Giesel）刚刚宣布的试验结果，皮埃尔·居里自告奋勇，将手臂暴露在镭的放射作用下达数小时之久。这导致了一个类似烧伤的损伤，并逐渐加重，需要几个月才能愈合。亨利·贝克勒尔在他的背心口袋里放了一个装有镭盐的玻璃管，结果意外地烧伤了。他来向我们诉说镭的这种坏处，又喜又恼地叫道："我爱它，同时又恨它！"

自从皮埃尔·居里认识到镭的这些生理效应，他便与医生们合作，进行了我刚才提到的研究，让动物接受镭放射的作用。这些研究成为镭放射治疗的起始点。用镭治疗的第一次尝试是用皮埃尔·居里提供的产品进行的,目的是治疗狼疮和其他皮肤损伤。自此,常常被称为"居里疗法"的镭疗法作为医学的一个重要分支在法国诞生,并通过多位法国医生[丹洛斯(Danlos)、奥丁(Oudin)、韦翰(Wickham)、多米尼奇(Dominici)、谢隆(Cheron)、德格雷(Degrais)等]的进一步研究逐步发展起来。[3]

与此同时,国外对放射性的研究进展迅猛,很快产生了一系列新发现。在我们前期放射性研究的基础之上,许多科学家使用新的化学分析方法,开始致力于寻找其他放射性元素。因此,人们发现了现在医生使用并得以工业化生产的新钍、放射性钍、锾、镤、放射性铅和其他物质。目前,我们知道总共有大约30种放射性元素(其中3种是气体或射气),但是镭在其中仍然扮演着最重要的角色,因为它的辐射强度很大,在数年的时间里衰减极其缓慢。

1903年对新科学的发展尤为重要。在这一年里,对镭这种新化学元素的研究取得了成果,皮埃尔·居里证明了这种元素可以释放出惊人的热量,而在外观上并没有改变。在英国，拉姆齐（Ramsay）和索迪（Soddy）宣布了一个伟大的发现。他们证明了镭持续不断地产生氦气，实验结果使人不得不相信原子转变。实际上，如果镭盐被加热到熔点，并被限制在密封的真空玻璃管中一段时间，然后对之重新加热，就能使它释放出少量的氦，这很容易测量或通过其光谱特征加以识别。这个基础实验得到了多次证实，为我们提供了第一个原子转变的例子，当然，这不受我们的意志所左右，但同时它也否定了原子绝对稳定的理论。

所有这些事实，加上之前已知的其他事实，都被 E. 卢瑟福（E.Rutherford）和 F. 索迪在一部著作中进行了富有成效的综合提炼，提出了放射性转变理论，今天这一理论已被普遍采纳。根据这个理论，每一个放射性元素，即使表面看来没有变化，也正在经历自发的转变，而且转变越快，放射性就越强烈。[4]

一个放射性原子可以通过两种方式进行自我转变：它可以从自身排出一个氦原子，这个氦原子以极高的速度抛出，带有正电荷，构成 α 射线。或者，它可以从自身结构中分离出一个很小的部分，即电子，我们在现代物理学中已经对之很熟悉，它的质量在中等速度时是氢原子的一千八百分之一，当它的速度接近光速时，它的质量会增长很快。这些带负电荷的电子形成 β 射线。不管分离的部分是什么，残留的原子都不再像原始原子。因此，当镭原子排出一个氦原子时，残留物是一个射气原子。该残留物继续转变，并且直到最后残留物稳定下来且不发出任何辐射时，该过程才停止。最后这种稳定的物质是非活跃物质。

因此，α 射线和 β 射线是由原子的分裂产生的。γ 射线是一种类似于光的辐射，伴随着原子的转变。这些射线非常具有穿透性，是目前为止发展起来的最常用的治疗方法。[5]

通过所有这些，我们可以看出放射性元素分成几个族，其中每个元素直接从前一个元素衍生出来，原始元素是铀和钍。我们可以证明，镭是通过铀产生的，而钋是通过镭产生的。由于每一种放射性元素，在由其母体物质形成的同时，也会自我衰减，因此在与母体物质同时存在时，放射性元素不能累积超过一定比例，这就解释了为什么在古老的矿物中，镭和铀之间就有着不变的比例关系。

放射性元素的自发衰减是按照指数定律的基本定律进行的，根据这个定律，每个放射性元素衰减一半所需时间总是相同的（称为周期，也即半衰期），通过这个时间周期可以非常准确地确定某个元素。这些周期可以用不同的方法测量，周期之间差别很大。铀的周期是几十亿年；镭的周期大约是1600年；镭射气的周期不足4天；在通过转变获得的"后代"元素中，有些周期远小于1秒。指数定律具有深刻的哲学意义，它表明转变是根据概率定律产生的。决定转变的原因对我们来说是个谜，我们还不知道它是源于原子外部的因果关系，还是源于内部不稳定的因素。在许多情况下，到我们的时代，还没有任何外部作用显示出其有效地影响转变。

这紧接着一连串的科学发现推翻了物理学和化学长期持有的科学观点，因此一开始难免遭到质疑。

但是科学界的大多数人都热情地接受了这些新发现。与此同时，皮埃尔·居里的名气在法国乃至在国外都越来越大。早在1901年，科学院就授予他拉卡兹奖。1902年，曾给过他很多宝贵帮助的马斯卡特决定推荐他成为科学院的院士。皮埃尔·居里同意这一点并不容易，因为他相信，科学院在选举院士时不应该到处拉选票，到处进行各种拜访。然而，在马斯卡特的友好坚持下，最重要的是，科学院物理部已经一致表示支持他，所以他才提出了申请。尽管如此，他还是没能当选，直到1905年他才成为科学院的院士，这个院士身份甚至没有持续一年。他还入选其他国家的一些科学院和科学学会，并被几所大学授予荣誉博士学位。

1903年，我们应英国皇家学会的邀请去了伦敦，并在皇家学会做一个关于镭的报告。这次他受到了热烈的欢迎。他特别高兴在这里再次见到开尔文勋爵，开尔文勋爵一直喜欢他，尽管勋爵年事已高，但他对科学的热情不改。这位杰出的科学家高兴地向大家展示一个玻璃瓶，里面装着皮埃尔·居里给他的一粒镭盐。我们在这里也遇到了其他著名的科学家，如克鲁克斯（Crookes）、拉姆齐和 J. 杜瓦（J.Dewar）。皮埃尔·居里与 J. 杜瓦合作，发表了关于极低温下镭的放热和镭盐中氦的形成的研究。

几个月后，英国皇家学会授予他（也授予我）戴维奖章，几乎同时，我们和亨利·贝克勒尔一起获得了诺贝尔物理学奖。我们的健康状况使我们无法参加 12 月的颁奖仪式，直到 1905 年 6 月，我们才得以前往斯德哥尔摩，皮埃尔·居里在那里发表了他的获奖演讲。我们受到了最热情的接待，并有幸欣赏了瑞典最美好的自然景色。

获得诺贝尔物理学奖对我们来说是一个重要的事件，因为新成立的诺贝尔基金会（1901 年成立）所享有的极高声望。此外，从财务的角度来看，一半奖金是一笔巨大的金额。这意味着，在未来，皮埃尔·居里可以把他在物理学院的教学工作移交给保罗·朗之万（Paul Langevin），保罗·朗之万是他以前的一个学生，也是一位非常有能力的物理学家，他还可以聘请一名制备员来帮助他工作。

但与此同时，这件令人非常高兴的事所引起的来自各方的关注，使一个既没有准备也不习惯被关注的人感到非常沉重。随之而来的大量的拜访、信件、文章和演讲的邀请，让人感觉精疲力竭，也浪费了时间。他很善良，不喜欢拒绝请求；但另一方面，他也不得不承认，他不能接受那些没完没了的请求，否则会对他的健康、心灵的安宁和他的工作带来灾难性的后果。在一封给 **Ch.Ed.** 纪尧姆先生的信中，他写道：

> 人们邀请我写文章和做报告，几年后，提出这些要求的人会惊讶地看到在这几年时间里我们什么也没干成。

在同一时期写给 E. 高伊（E.Gouy）的一些信中，他表达了自己的如下观点：

> 正如你所看到的，此时此刻幸运之神眷顾着我们，但是这种幸运也带来诸多烦恼。我们

从来没有像现在这样不得安宁。有时候我们几乎喘不过气。想想吧，我们曾经的梦想是生活在大自然中，远离尘嚣！

——写于1902年3月20日

亲爱的朋友：

我早就想给你写信了，请原谅我没有这样做，原因是我现在过着的愚蠢的生活。你已经看到了这种对镭的突然迷恋，并且使我们广受关注，声名鹊起。我们被来自世界各国的记者和摄影师追踪；他们甚至报道了我女儿和她保姆之间的对话，并描述了和我们一起生活的那只黑白相间的猫……此外，我们还收到了很多要捐款的诉求……最后，想要我们亲笔签名的收藏家、势利者、社会名流，甚至有时还有科学家，都来看我们——在我们那原本宁静的实验室里——每天晚上都有大量的信件要发送。面对这样的状况，我感到自己处于一种麻木状态。而且，如果所有这些混乱的结果能让我获得一个教授职位和一个实验室，也不算是徒劳的。而事实是，还得先创建这个教授职位，而我一开始也不能拥有实验室。我倒是希望反过来，先能拥有一个实验室，但利亚德（Liard）希望利用现在的时机创设一个新的教授职位，之后大学会接受这个职位。他们将设立一个没有固定教学大纲的职位，这类似于法兰西学院的一门课程，我感觉我将不得不每年改变我的教学主题，这将是一个巨大的考验。

——写于 1904 年 1 月 22 日

……我不得不放弃去瑞典。正如你所看到的，我们与瑞典皇家科学院的关系非常不稳定；但说实话，我只能通过避免所有的身体疲劳来保持这种关系。我的妻子也是这样，我们无法再梦想回到过去那些美好的工作时光了。

至于研究，我目前什么也没做。我所负责的课程、学生，需要安装的设备，以及并无要事而前来打扰我的无休止的人群，日子一天天过去，我没有取得任何有益的成就。

——写于 1905 年 1 月 31 日

亲爱的朋友：

我们很遗憾今年没有邀请你来做客，但希望能在 10 月见到你。如果我们不时刻努力，我们最终会失去与我们最好的、最志趣相投的朋友的联系，却只与那些很容易见到的人保持联系。

我们继续过着那样的生活，忙得不可开交，却不能完成任何有趣的事情。我已经一年多没有从事任何研究工作了，我没有一点自己的时间。很明显，我还没有找到一种方法来保护我们不受这种浪费时间的行为的影响，尽管找到这种方法是非常必要的。理智上讲，这是一个生死攸关的问题。

——写于 1905 年 7 月 25 日

我明天开始上课，但是在非常糟糕的条件

下准备我的实验。教室在巴黎大学，而我的实验室在库维尔街。另外，在同一个教室里还有大量的其他课程，我只能用一上午的时间来准备自己的课程。

我身体情况算不上很好，也没有病得很重；但是我很容易疲劳，几乎没有什么工作能力。相反，我的妻子辗转于孩子、塞弗尔学校和实验室之间，充实而忙碌。她从不浪费一分钟时间，比我更经常地忙于实验室的工作，她在那里度过一天中的大部分时间。

——写于1905年11月7日

总之，尽管有这些外在的困难，通过共同努力之后，我们的生活仍然像以前一样简单和不受外界打扰。在1904年年底时，我们的家庭因第二个女儿的出生而增加了新成员。伊芙·丹尼斯出生在凯勒曼大道我们简陋的房子里，我们仍然和居里医生住在一起，有来往的朋友并不多。

随着我们大女儿的长大，她开始成为她父亲的一个小伙伴，父亲对她的教育很感兴趣，在他空闲的时候，特别是在休假的时候，他很乐意和她一起散步。他与她进行认真的交谈，回答她所有的问题，对她小脑袋里懂得越来越多而感到高兴。孩子们从很小就拥有他的深厚父爱，他从不厌倦试图去了解这些小人儿，以便能给予她们最好的爱。

随着他在其他国家的巨大成功，皮埃尔·居里在法国被充分认可，尽管来得有点迟，最终还是来了。45岁时，他发现自己在法国科学家中名列前茅，但作为一名教师，他却地位低微。这种不正常的状态使公众纷纷为他鸣不平，在这种情绪的影响下，巴黎科学院院长利亚德要求议会在索邦设立一个新的教授职位，在1904—1905学年开始时，皮埃尔·居里被任命为巴黎科学院的名义教授。一年后，他决定离开物理学院，朗之万接替了他。

这个新教授职位的设立并非一帆风顺。首先，这只是提供了一个新的职位，却不提供实验室。皮埃尔·居里觉得他不能接受这么一种情况，因为这样他不仅不能在工作条件上有所改善，还有可能连已有的条件都要失去。因此,他写信告诉他的主管们他决定留下,继续教授物理、化学和自然史课程,他的坚定赢得了胜利。学校在新职位上增加了一笔经费,用于建立实验室和聘用工作人员(包括一名实验室主任、一名制备员和一名实验室学徒)。实验室主任的职位给了我,这使我丈夫非常满意。

我们离开物理学院并不是没有遗憾的,尽管伴随着困难,我们在那里还是度过了快乐的工作时光。我们特别喜欢由我们的储藏室改建而成的实验室,虽然日益破败,它仍然维持了好几年,我们时不时地去看看它。后来物理学院要建新的建筑,不得不将其拆除,但我们保存了它的照片。当忠诚的佩蒂特告诉我们即将拆除它时,我最后一次独自一人去那里与它告别。黑板上仍然有我丈夫写的文字,他曾经是这个地方的灵魂;他曾在这个陋室开展他的研究,这里到处是他留下的记忆。残酷的现实似乎是一场噩梦;我真想再看到那个高大的身影出现,听到那熟悉的声音。

尽管议会投票决定设立一个新的教授职位，但并没有考虑同时设立一个实验室，而这个实验室对于发展新的放射性科学是必要的。因此，皮埃尔·居里保留了物理、化学和自然史学科的小工作室，并设法解决眼前的困难，暂时使用一个物理、化学和自然史学科教学区的空闲的大房间。他还设法获准在院子里建了个小楼，有两个房间和一间书房。

意识到这是皮埃尔获得的最后的特权让人不禁感到伤怀，事实上，作为法国一流的科学家之一，他从来没有拥有一个合格的实验室来工作，尽管早在20多岁时他的才华就已经显露出来了。毫无疑问，如果他活得更久，他也许会拥有令人满意的工作条件，但他在48岁早逝时仍然没能拥有这些条件。我们能否想象一位热情而无私的工作者在从事一项伟大事业的过程中，因长期缺少工作条件而无法顺利实现梦想的遗憾吗？我们怎能不为这个国家最大的财富——最优秀孩子的天赋、力量和勇气——的无可挽回的浪费感到深深的悲痛？

皮埃尔·居里一直迫切想要一个好的实验室。1903年，因为他的声誉，他的主管们觉得有必要劝说他接受法国荣誉军团勋章，他拒绝了这一荣誉，仍然坚持自己的观点。他写下面这封信的初衷与他之前写给主任拒绝棕榈奖章的那封信一样。我引用其中一段话：

> 我请求您感谢部长，并告诉他我一点也不觉得需要一个荣誉，但我确实觉得很需要一个实验室。

皮埃尔·居里被任命为巴黎大学的教授后，他不得不准备一门新课程。这个职位被赋予了非常个性化的特点和非常广泛的范围。他可以自由选择他将要讲授的主题。利用这种自由，他选择回到他所珍视的主题上，并且在他的部分讲座中讲授对称性定律，矢量场和张量场的研究，以及这些理论在晶体物理中的应用。他打算把这些课程进一步推广，并制定出一套完全涵盖结晶物质物理学的课程，这将是特别有用的，因为这个学科在法国鲜为人知。他的其他课程涉及了放射性，阐述了这个新领域的发现，以及它们在科学上引起的革命。

尽管我丈夫非常专注于准备课程，而且经常生病，但他仍然继续在实验室工作，实验室也越来越井井有条。他现在有了更多一点空间，可以招收几名学生。在与 A. 拉博德的合作中，他对矿泉水和泉水排放的气体进行了研究。这是他发表的最后一个工作成果。

他的智力在这时达到了顶峰。人们不得不钦佩他对物理学理论推理的可靠性和严谨性，他对基本原理的清晰理解，以及对现象的某种深刻感觉，这些都是他凭直觉得到的，但在他致力于研究和思考的一生中，这些感觉得到了完善。他的实验技能从一开始就很出色，通过实践又得到了提高。当他成功地组建成一个精致的装置时，他体验到了艺术家的快乐。他也很喜欢设计和建造新仪器，我曾经开玩笑地说，除非他每六个月至少尝试这么做一次，否则他不会快乐。他天生的好奇心和生动的想象力促使他保持多样的研究兴趣，他可以轻而易举地改变他的研究对象。

他在发表研究时，对科学态度诚实，对准确性态度严谨。这些研究报告已然非常完美，而他则将批判精神运用到自己身上，努力做到精益求精，显示出对于不完全清楚的事情反复求证的决心。他用下面的话表达了他对这一点的思考：

> 在对未知现象的研究中，人们可以提出非常笼统的假设，然后在经验的帮助下一步步前进。这种前进的方法是确定的，但必然是缓慢的。相反，一个人可以提出大胆的假设，具体说明现象形成的机制。这种程序和方法的优点是可以设想某些实验，最重要的是，通过使用图像使推理变得不那么抽象，从而有助于推理。但另一方面，我们不能指望根据实验结果推理出一个复杂理论。精确的假设几乎肯定包括一部分错误和一部分真理。这最后一部分真理，如果存在的话，只是一个更普遍的观点的一部

分，最终还是有必要重新对其论证。

此外，尽管他对提出假设从不迟疑，但他从不允许它们过早发表。他不喜欢那种草率发表研究报告的工作体系，更喜欢在工作系统内与少数研究人员安静潜心研究。在放射性风靡一时时，他却想暂时放弃这一研究领域，回到他中断的晶体物理学研究中去。他还梦想着对各种理论问题进行一次检验。

他对自己的教学进行了深入的思考，不断改进，提出了学习的一般性定位和教学的方法，认为这些应该建立在与经验和自然接触的基础上。他希望自己的观点能够在教授协会成立后尽快得到采纳，并声明"科学课必须成为男子中学和女子中学的主科"。

"但是，"他说，"这种想法成功的可能性很小。"

在他生命的最后一个阶段，尽管工作成果丰硕，可惜很快就要结束了。他那令人钦佩的科学事业就在他可以想见未来的工作不会像以前那么艰难的时候,突然中断了。

1906年,他病得很重,倍感疲乏,他和我与孩子们一起去雪佛兰山谷过复活节。在温暖的阳光下我们一起度过两个甜蜜的日子,在亲人身边享受闲暇使皮埃尔·居里压力减轻。他和女儿们在草地上嬉戏,和我谈论她们的现在和未来。

他回到巴黎参加物理学会的聚会和晚宴。在那里,他坐在亨利·庞加莱旁边,与他就教学方法进行了长时间的交谈。当我们步行回家的时候,他继续谈论着他对理想文化的想法,在意识到我赞同他的观点时,他很高兴。

第二天,1906年4月19日,他参加了科学院教授协会的一次聚会,在那里他与其他人非常诚恳地谈论了该协会应该采纳的宗旨目标。当他离开这次聚会,穿过多芬街时,他被一辆从新桥驶来的卡车撞倒在车轮下,因脑部受伤导致当场死亡。

于是,建立在那奇妙生命之上的希望就这样破灭了。书房里,他从乡下带来的金凤花仍然鲜活,可他却再也不会回来了。

附 注

［1］在我最近访问美国期间，美国妇女慷慨地向我赠送了1克镭，布法罗自然科学协会（Buffalo Society of Natural Sciences）送给我一本回顾美国镭工业发展的出版物作为纪念品。其中包括皮埃尔·居里信件的照片复制品，他在信中尽可能完整地回答了美国工程师提出的问题。（1902年和1903年）

［2］当时1毫克镭元素的价格在750法郎左右。

［3］这些医生得到了制造商阿尔梅特·里斯勒的帮助，阿尔梅特·里斯勒为他们提供了初次科研工作所需的镭。此外，他在1906年成立了一个临床研究实验室，同时提供所需的镭。他资助了第一本关于放射性及其应用的特别出版物，即由J.丹尼为主编的杂志《镭》。这是工业界对科学慷慨支持的一个例子，在实际中仍然非常罕见，但为了人类活动的这两个分支的共同利益，人们希望这种支持可以普遍化。

［4］皮埃尔·居里和我首先提出放射性与元素的原子转

变密切相关的假设，以及其他可能的假设，后来被 E. 卢瑟福所利用。(参见《科学杂志》，1900 年，居里夫人等)

［5］卢瑟福最近利用 α 射线的异常能量使某些轻原子如氮原子破裂。

第11章
实验室成为"圣地"

我不打算描述皮埃尔·居里留给这个家庭的悲痛。通过我之前的叙述,人们可以理解他对于他的父亲、兄弟和妻子意味着什么。他也是一位尽职尽责的父亲,对孩子们很慈爱,也很乐意和她们在一起。但是我们的女儿们在这个时候还太小,还意识不到发生在我们身上的灾难。她们的爷爷和我在共同的苦难中团结一致,尽我们所能,使她们的童年不至于因这场灾难而变得太黑暗。

关于这场灾难的消息在法国和其他国家的科学界引起震惊。大学校长和教授们纷纷发来信件表达同情,许多外国科学家也发来了信件和电报。同样的感受也适用于广大公众，尽管皮埃尔·居里性格矜持，还是在公众中享有很高的声誉。为了表达悲痛之情，许多人发信给我们，其中不仅有我们认识的人，也有我们完全不认识的人。与此同时，报刊上发表着深表遗憾的文章。法国政府表示慰问，一些外国领导人也亲自表示慰问。法国最纯粹的荣耀之一已经逝去，每个人都明白这是一个民族的悲痛。[1]

为了纪念皮埃尔·居里的离去，我们希望能在索镇小公墓的家族墓穴里安葬他。没有正式的仪式，也没有致辞，只有他的朋友们送他最后一程。当想到他已经不在了，他哥哥雅克对我说："没有一个人能像他一样拥有所有的天赋。"

为了保证皮埃尔·居里的工作能继续进行，巴黎科学院给了我极大的荣誉，邀请我接替了他的工作。我接受了这份厚重的遗产，希望有一天，作为对他的纪念，建立起一个他未曾拥有过的、配得上他的实验室，在那里其他人可以传承他的科学思想。

这一希望此时已经部分实现，这要感谢该大学和巴斯德研究所的共同倡议,它们旨在建立一个镭研究所,由居里和巴斯德两个实验室组成,致力于镭射线的物理化学和生物学研究。为了向他表达敬意,这条通往研究所的新街道被命名为皮埃尔·居里街。

然而,由于放射性及其治疗应用的巨大发展,这个研究所还远远不够。最具权威者现在认识到,法国必须拥有一个类似于英国和美国的镭研究所,用于"居里疗法"的研究,这已经成为对抗癌症的有效手段。希望通过慷慨和有远见的援助,我们将在几年内建成一个大型的与法国相称的镭研究所。

为了纪念皮埃尔·居里,法国物理学会决定出版他的全部作品。这本由 P. 朗之万和 C. 切尼维筹备的书只有 1 卷,大约 600 页,出版于 1908 年,我为它撰写了序言。这本独一无二的书,包含了重要而多样化的作品,忠实地反映了作者的思想。人们会发现其中蕴含着丰富的思想和实验事实,推理出清晰而明确的结果,但是其阐述又非常严谨简洁,无可挑剔,在形式上可谓经典。令人遗憾的是,皮埃尔·居里没有利用他作为科学家和作家的天赋来写专题论文或书籍。他并不是没有这个想法，他有几个类似的梦想和计划，但是，由于他在整个工作生涯中都面临重重困难，步履艰难，所以也只能把这些永远束之高阁了。

现在，让我们从整体上看一下这个传记故事，在这个故事中，我试图塑造一个人物形象，他坚持不懈地致力于实现自己的理想，默默无闻地，以他的伟大的天赋和人格为人类服务。他拥有那种开辟新道路的信念，他知道自己有一个崇高的使命要完成，他年轻时的神秘梦想把他推向了一条超越平常生活的道路，他称之为反自然的道路，因为它意味着放弃生活的乐趣。尽管如此，他还是坚决地让自己的思想和愿望服从于这个梦想，使自己适应它，并且越来越强烈地认同它。他只相信科学和理性的温和力量，他为寻求真理而生。在没有偏见和固执己见的情况下，他对研究事物的忠诚与他用来理解别人和自己时的忠诚是一样的。他抛开一切常人的欲望，不追求权力和荣誉，他没有敌人，尽管他通过自我约束的努力成为在所有文明时代都能领先于时代的卓越人士。和他们一样，他能够仅仅通过内在力量的辐射而产生深远的影响。

有必要了解这样的生活意味着要付出很多牺牲。伟大的科学家在实验室里的生活并不像许多人想象的那样悠闲。更多时候，这是一场与事物、与周围环境，尤其是与自己的艰苦战斗。一个伟大的发现并不完全来自科学家的大脑，就像密涅瓦全副武装地从朱庇特的脑子里跳出来一样，它是前期工作累积的成果。在成果丰硕的日子里，也穿插着充满不确定性的日子，好像什么都做不成，甚至物质本身也不合作，此时必须坚持不懈地抵抗挫折。皮埃尔·居里从没有放弃他那无穷无尽的耐心，他有时会对我说："我们选择的这种生活还是很艰难的。"

对于他那令人钦佩的天赋，以及他为人类做出的巨大贡献，我们的社会给了他什么回报呢？这些有思想的人是否拥有必要的工作条件？他们是否能确保必需的生活条件而无后顾之忧？皮埃尔·居里和其他人的例子表明，他们并没有得到这些；更常见的是，在获得可能的工作条件之前，他们往往不得不在日常焦虑中耗尽青春和精力。我们这个社会对财富和享受有着强烈的渴望，却不懂得科学的价值。它没有意识到科学是其道德遗产中最宝贵的部分。社会也没有充分认识到这样一个事实，即科学是实现减轻生活负担和痛苦的所有进步的基础。无论是公共部门还是私人赞助，实际上都没有给予科学和科学家充分有效工作所必需的支持和资助。

最后，我援引巴斯德那令人钦佩的恳求：

如果对人类有益的科学发现触动了你的心灵，如果你在电报、达盖尔照相法、麻醉剂和其他奇妙发现的成果面前惊叹不已，如果你因自己国家在传播这些神奇发现方面落后于其他国家而倍感羡慕的话，我恳求你，多多关注那些我们称之为实验室的圣地。号召大家多多建设和装备这些实验室，因为它们是通往未来、财富和福祉的殿堂。正是在这些实验室里，人类成长，强大自己，变得更好。在那里，人类可以学会通过阅读大自然的杰作，了解进步与普遍和谐的故事，即使它自己的作品往往是野蛮的、狂热的和毁灭性的。

愿这一至理名言得到广泛传播，并深入公众舆论，对于那些为了人类的整体利益而必须开拓新领域的先驱们来说，未来不再那么艰难。

我从各类已发表的对皮埃尔·居里的评价中选择了一些摘录，以便通过一些著名科学家的感人证词来补充我的这篇传记。

居里是那些科学界和法国认为可以引以为傲的人之一。他本可以有更大成就；他已经给予的似乎是一个承诺，我们知道，如果他活着，他不会失败。在他去世前的那个晚上（请原谅我谈到个人回忆），我坐在他旁边，他和我谈论了他的计划和想法。我钦佩他思想的丰富和深度，通过他充满创造力的清晰的头脑，物理现象会呈现出新的面貌。我觉得我更好地理解了人类智慧的伟大——第二天，在一瞬间，所有一切都消逝了。一个愚蠢的事故残酷地提醒我们，在成千上万盲目力量面前，思想是多么的渺小。这些无法理解的力量横冲直撞，摧毁它们所到之处的一切。

他的朋友和同事们立刻明白了所遭受的重大损失，但悲痛远远超出了这个范围。在国外，最杰出的科学家们都加入了对我们这位同胞表达敬意的行列，而在我们自己的土地上，任何一个法国人，无论受教育水平如何，都或多或少地感到自己的国家和全人类失去了一个强大的力量。

居里研究物理现象时，我不知道是什么样的细微感觉使他能够推测出意想不到的类比，使他有可能在一个错综复杂的迷宫中找到自己的方向，而其他人可能会误入歧途……真正的物理学家，比如居里，既不凭自己主观想法，也不只看事物表面，而是知道如何透过事物看到本质。

所有认识他的人都知道和他相处时的快乐

和信赖感，也了解他那温和的谦逊、天真的直率和精神的纯洁所散发出的微妙魅力。他总是准备在他的家人、朋友甚至竞争对手面前保持低调，他是那种被称为"可怜的候选人"的人；但在我们的民主制度中，候选人是我们最不缺的。

谁能想到在这么温柔的一个人内心隐藏着一个不妥协的灵魂？他在那些赖以生存的一般原则上绝不妥协，也不在他被教导去热爱的特定的道德理想上妥协，这种绝对真诚的理想对于我们生活的世界来说可能太高了。他不知道我们的弱点会对自己千百次的妥协和通融洋洋自得。此外，他从未将对这一理想的崇拜与他对科学的贡献分开，他给我们提供了一个光辉的例子，说明崇高的责任感可能源于对真理简单而纯粹的热爱。他信仰什么神明并不重要，创造奇迹的不是上帝，而是信念。

——亨利·庞加莱

一切为了工作，一切为了科学，这很好地

总结了皮埃尔·居里的一生，他一生致力于辉煌的发现，他天才的观点几乎赢得了全世界的钦佩。1906年4月19日，一场可怕的灾难终结了他的研究工作，使我们所有人都惊愕不已，在他的研究全面展开的时候，他如此热切地追求的研究工作戛然而止……

所有荣誉并没有使他眼花缭乱，他过去是，将来也是我们这个时代科学史上的杰出人物。同时代的人发现他是一个对科学既不屈不挠又无私奉献的典型。很少有比他更纯洁，更名不虚传的人了。

——法兰西学院 M. D. 葛内兹

（M. D. Gernez）

皮埃尔·居里，大家都称他为大师，我们也很高兴地称他为我们的朋友，在他的鼎盛时期突然逝去了……我们将试图通过他作为一个典型来证明，一个伟大的天才，同时又真诚、开明、大胆，没有什么可以束缚他，没有什么可以阻挠他。我们也承认他灵魂的伟大，即智慧和优良品格结合在最高尚的无私和最美好的善良中。

凡是认识皮埃尔·居里的人都知道，在他身边，人们会觉得有必要去工作、去研究、去理解。我们将通过传播这种感受来纪念他，我们将从他那苍白而英俊的脸庞上寻找答案，了解使所有接近他的人都变得更好的奥秘所在。

——让·佩林

……为了认识到我们无法弥补的损失，我们必须记住居里对他学生的关爱……我们有些人有理由崇拜他。……对我来说，他是我最爱的人之一，仅次于我的家人。他是那么懂得如何用伟大而温柔的情感来对待他那单纯的合作者。他无限的仁慈甚至延伸至他那最谦卑的助手，助手也很崇拜他。在听到他突然去世的消息时，我从来没有见过比实验室学徒们流下的眼泪更真诚、更令人心碎的了。

——C. 切尼维

……多想能够再遇见他，与他一起谈论他的科学，一起思考。每天都会勾起对他的记忆，回想起他那和蔼可亲、沉思的脸庞、明亮的眼睛和富有表现力的头脑，这是他在实验室里度过了二十五年时光、无休止的工作和简朴生活所塑造而成的。

……正是在他的实验室里工作的情况使我记忆犹新，仿佛他又回到我的身边。在他身边长大的人看来，从那以后的18年里，他几乎没有改变。胆小又笨拙的我在他的指导下开始了我的实验室学习……

周围是各种仪器设备，大多都是他自己设计和改造的，他用他那物理学家特有的娴熟动作和纤长的手指操纵着这些设备……

我入学时，他29岁。他在实验室里度过的10年光阴使他拥有这份娴熟，尽管我们无知，还是会受到他那淡定的动作和讲授,以及轻松神态的影响。我们总是兴高采烈地回到实验室,能在他身边工作是件幸事,因为我们能感觉到他正在离我们很近的那个宽敞明亮的房间里工作,而里面装满了对我们来说仍然有点神秘的仪器。我们常常进到里面向他请教,他有时也允许我们进行一些特别细致的操作。也许我学生时代最美好的记忆就是在那里,我们站在黑板前,他也很乐于与我们交谈,启发我们富有成效的想法,并讨论科学研究,激发我们对科学的兴趣。他那生机勃勃、富有感染力的好奇心,他所掌握的充分和可靠的信息,使他成为令人钦佩的精神启迪者。

——保罗·朗之万

我最希望的是,在这里收集这些记忆,作为一束花,虔诚地放在他的墓前,我还希望,能有助于塑造一个人格和思想上真正伟大的人物形象,一个我们这个民族天才的杰出代表。他完全脱离了老旧思想的束缚,热爱理性,他是一个先知的典范,受到未来真理的启发——一个自由、正直的灵魂所表现出的道德上的美与善、锲而不舍的勇气、诚信可靠的品格使他的生活不受外界干扰,永远追寻着自己的梦想。

附 注

[1] 从大量的吊唁信和电报中,我引用了三位伟大的科学家写的这些话作为例子,如今他们也已不在人世。

夫人:

我不想再等下去了,我要向你表达我和法国及外国科学家对我们所经历的共同损失的深切悲痛。这个悲惨的消息使我们如雷轰顶!他为科学和全人类做出如此多的贡献,还有如此多的事情在等待着这位天才的发明家;而所有这一切都在一瞬间消失了,或者已经变成了回忆!

M. 贝托洛(M.Berthelot)

夫人:

我是在旅途中很晚才收到这个可怕的消息。我觉得我好像失去了一个兄弟;我原来并未意识到我和你丈夫关系有多亲密，而我今天知道了。夫人，我也为你感到难过，请节哀。

G. 李普曼（G.Lippmann）

居里去世的可怕消息令人悲痛欲绝。葬礼预计在什么时间举行？我们明天早上到达米拉博酒店。

开尔文

于戛纳圣马丁别墅

译后记

居里夫人是第一位获得诺贝尔奖的女性，也是迄今为止唯一一位两次获得此殊荣的女性。本书中，居里夫人以第一人称的视角还原了两位科学巨匠的科学发现历程和高尚情操。

在为丈夫皮埃尔·居里所作的传记中，她不吝笔墨，感情饱满，通过生活细节，刻画出人物内心世界，体现出两人相似的人格特质，共同的理想追求，深沉相惜的情感。在关于皮埃尔·居里成长经历的部分中，她写道："他知道在一年中的不同季节，在森林、田野、溪流和池塘里都能找到什么动物和植物……为找到他感兴趣的动植物，付出再多他都愿意……不管是什么动物，他都会毫不迟疑地放在手中，以便近距离地观察它……"从这些描写可以看出，一位科学家的诞生绝不是偶然的，也促使我们思考如何释放和鼓励儿童热爱自然的天性。还有关于二人户外游玩温馨场景的描述："我们流连忘返，直到天亮才回到住处……拉马车的马受到我们自行车的惊吓，我们不得不抄近路穿过耕地……沐浴在朦胧的月光下，那些围栏里的奶牛睁着大大的眼睛注视着我们。"从这些描写可以看出，科学家也是有血有肉的人，许多生活趣事也是令人忍俊不禁。文中更有关于皮埃尔·居里高尚品格的描写，他拒绝了"学术棕榈"骑士勋章的提名，体现了皮埃尔·居里将科学作为毕生的精神追求，渴望纯粹地工作。这种品格令人触动，也体现出居里夫人对丈夫所作选择的认同和共鸣。

居里夫人尽管是一位伟大的科学家，其为人却极为谦逊，她之所以在书中加入自传，完全是在美国友人的一再劝说下盛情难却，用她自己的话："在科学领域，我们关注的应该是事，而不是人。"在自传中，她用平实的语言描述了自己的成长经历、婚姻及科研生活，以及她在第一次世界大战期间，如何奔波于各救护站救助伤员，以及她应邀参观美国的经历，她对所有表现出善意和伸出援手的亲朋表达由衷的感谢之情。

通过阅读本书，能够让读者了解如何在看似平淡的生活和烦琐的工作中必然诞生伟大的科学家，体会到科学发现不能凭空产生也并不神秘，以此激励人们追求科学真理，走上与科学相关的职业道路。但限于译者水平，再者，由于原文是经翻译后的英文，故书中难免存在疏谬之处，敬请广大读者批评指正。

陈明晖

2023 年 11 月